卖货文案营销策略^与

苏白————编著

民主与建设出版社

· 北京 ·

图书在版编目 (CIP) 数据

卖货文案与营销策略 / 苏白编著 . -- 北京 ：民主
与建设出版社，2024. 10. -- ISBN 978-7-5139-4719-0

Ⅰ. F713.812；F713.365.2

中国国家版本馆 CIP 数据核字第 20242KR229 号

卖货文案与营销策略

MAIHUO WEN'AN YU YINGXIAO CELÜE

编　　著	苏　白	
责任编辑	唐　睿	
装帧设计	尧丽设计	
出版发行	民主与建设出版社有限责任公司	
电　　话	（010）59417749　59419778	
社　　址	北京市朝阳区宏泰东街远洋万和南区伍号公馆 4 层	
邮　　编	100102	
印　　刷	水印书香（唐山）印刷有限公司	
版　　次	2024 年 10 月第 1 版	
印　　次	2024 年 11 月第 1 次印刷	
开　　本	670 毫米 ×950 毫米　　1/16	
印　　张	14	
字　　数	167 千字	
书　　号	ISBN 978-7-5139-4719-0	
定　　价	52.00 元	

注：如有印、装质量问题，请与出版社联系。

前　言

　　说起文案和营销，很多人都认为没有什么门槛，觉得写几句宣传语，策划一些活动推荐商品就可以了。这似乎人人都能做到，无须特别学习。

　　实际上，即使是文笔优秀的人，也未必能写好广告文案；即使是身经百战的销售员，也未必能策划出爆款营销活动。文案和营销虽然没有明显的门槛，但好的文案营销和一般的文案营销对用户的吸引力和影响力还是有很大的差距的，这也是文案营销的"技术壁垒"。也就是说，想要提升产品销量，绝不是简单几句宣传语就能实现的。只有那些有洞察力的文案，才能为产品增加附加价值，进而在营销过程中俘获用户的心。

　　好文案不仅是用户记忆的抓手，更是用户行动的推手。那么，如何通过文案的吸引力，让产品脱颖而出，成为爆款，获得良好口碑，实现销量暴增呢？

　　一篇好的卖货文案不仅要告诉用户：我们有他所需之物，我们的产品品质更好，而且要能够挖掘用户的消费意愿，引导用户决策，让用户迫不及待地下单。简而言之，用户也许原本没有下单意愿，但你的文案点燃了他的购买欲。

好文案不是惊鸿一瞥的灵感爆发，好营销也不是异想天开的创新。无论是卖货文案的创作，还是营销策略的策划，都是有原则、有方法、有框架、有技巧的，掌握这些文案营销的基本技巧，你才能打造爆款，引爆销量，成为真正的营销大师。

本书就是一本教你创作卖货文案和进行营销策划的实战指导书，全书分为卖货文案与营销策略两篇。卖货文案篇，将教会你如何快速找准目标用户，深挖产品卖点，找到合适选题，精准提升文案吸引力，让你的文案更能戳中用户的痛点，实现快速成单。营销策略篇，将教你如何融合文案和营销思路，实现"1+1 > 2"的卖货效果。同时，结合当前主流自媒体营销平台的情况，本书还分析了不同平台文案营销操作的具体策略，为自媒体新手指路，并收录了大量经典卖货案例，供文案营销新手参考。

希望本书能带你迈进文案营销的大门，看到有洞察、有设计的文案营销在实战中的效果，助你在打造爆款和营销变现的路上节节攀高。

目 录

卖货文案篇

找准目标用户，你的文案就赢了 90%

抓卖点：卖点挖得深，卖货量更高

找选题：8G 网速冲浪卖货，流量跟着你跑

文案吸引力：要想爆单，文案必须"吸睛"

第八章　会借势，让营销策略1+1 > 2

第九章　创新力，让营销策略更有活力

第十章　自媒体营销策略

卖货文案

篇

第一章

找准目标用户，
你的文案就赢了 90%

做好这三步，搞定文案目标用户画像

在电子商务刚刚兴起的那几年，很多平台打的是价格战，依靠优惠的价格吸引用户的眼球，及至直播带货兴起后，价格战仍然是很多商家青睐的营销方式。但是，在如今市场需求已经基本饱和的情况下，大到各个电商平台，小到个体商家，都不宜再简单、粗暴地用"贱卖"商品这种方式留住用户。与此同时，随着短视频带货、直播带货等多元化销售方式的出现，低价已经不是卖货的首要策略。除了价格战之外，如何花心思用更有效的方式留住用户，打造差异化的购物体验，才是提升产品销量的关键。好文案就是差异化卖货的必备因素，也是销量暴增的法宝之一。

众所周知，文案的作用是吸引用户，也就是我们所说的目标人群。只有找准目标人群，有针对性地输出，你的文案才有更高的"命中率"，否则所有宣传就会流于表面，即用户看到的就是"垃圾信息"，根本无法唤醒他们的消费欲望。

下面让我们看看有效卖货文案和"废"文案的区别。

文案1　净肝胶囊，复合配方含量高，一天一粒保护肝。

文案2　30岁以上的人，如果你熬夜、喝酒、生活不规律，一定要吃净肝胶囊。

如果你是用户，上面哪条文案能让你停留三秒钟，并且有兴趣看一看呢？相信绝大多数人都会选择第二条。

净肝胶囊卖给谁？作为保健品类，它确实可以卖给绝大多数人群，似乎人人都可以吃，但是人人都需要吗？不尽然。所以，如果用户购买欲还没有被唤醒，你用文案向他们强调产品"复合配方""含量高""一天一粒"这种品质和服用便捷方面的优势，那么你的文案就属于"垃圾信息"，不会被用户接受。

反观第二条文案，并没有对产品本身进行宣传，但文案的关键信息有"30岁以上""熬夜""喝酒""生活不规律"，看到这些词的时候，有多少人心中会觉得这是在说自己呢？只有达到这一点，你的文案才算成功了，说明用户的消费意愿已经被唤醒，被"点名"的用户会愿意继续看看他们这类人一定要吃的是什么。那么，接下来无论是进一步推销产品，还是促使用户下单，都会变得水到渠成，因为你的文案已经吸引了真正的用户，你用文案成功确定了目标用户画像，并吸引了他们的注意力，为接下来卖货创造了更多可能。

何谓目标用户画像

提到目标用户画像，电商、销售和自媒体的从业者都不陌生。我们通常认为目标用户画像是：

性别 / 居住地 / 年龄 / 收入水平 / 个人喜好……

然而，这些并不是真正意义上的目标用户画像，而是某位用户在线上浏览和线下生活痕迹中形成的人群标签。这些标签只能大概让我们知道面对的用户是哪类人，却不能直接揭示出决定这些目标用户消费行为的原因。

好的卖货文案，需要通过这些表层标签去进行逻辑分析，找到标签背后目标用户的购买场景、购买原因，挖掘他们购买行为的深层逻辑，发现激发他们购买欲望的根源等。

所以，根据目标用户在线上、线下生活中留下的种种痕迹，深入分析其购物逻辑，所得到的更精准的消费原因画像，才算是有效的目标用户画像。

怎样构建目标用户画像

在明确目标用户画像和用户标签之间的区别后，我们该如何构建目标用户画像，让卖货文案更好地吸引和服务目标用户呢？

其实，这一过程并不难，只需要三步，即找到目标用户、收集信息、整理分析，就能构建目标用户画像，从而策划出目标用户更喜欢的文案。

1.找到目标用户

寻找目标用户的方式有很多，大数据分析、抽样分析等都是比较常用的。需要注意的是，不同产品、不同规模的企业，寻找目标用户的方法有所区别，因此我们要明确自己想找的是哪类目标用户。

如果是新产品需要扩大知名度，提高基础目标用户量，则可以根据用户年龄、性别、职业等基础标签，在文案中写一些噱头来吸引用户，或者普及产品常识，这样就可以收获更多目标用户。比如，腾讯女性向恋爱手游《光与夜之恋》在宣发初期，为扩大产品知名度，吸引更多基础玩家，就打出一系列夸张、出格的土味情话广告，因其搞怪的噱头，吸引了不少早期玩家的加入，堪称新品寻找目标用户的有效文案范例。

另外，如果是一些知名度较高的产品想进一步提高销量，则要在基础目标用户中提炼出具有强大的购买欲望的人群特征。针对这类用户的偏好写文案，能更精准地筛选目标用户，从而获得更多品牌黏性高的忠实用户。

2. 收集信息

找到目标用户以后，写文案前要尽量多收集目标用户喜欢的文案风格，分析他们的偏好，借文案让他们产生认同感和信任感。比如，喜欢购买艺术类书籍的用户，会更喜欢具有文艺范及哲学思考的文案，这类文案更能激起这类目标用户的共鸣，勾起他们的消费欲望。通过收集信息，我们就能知道产品吸引的目标用户是什么样的，以及什么样的文案更能吸引他们。

3. 整理分析

整理分析是将目标用户人群和收集到的信息结合、分析的过程，分析的结果决定了你的文案风格、内容偏向。在整理分析这一步，我们可以一次性发两篇风格差异较大的文案，通过对阅读量、分享数、市场评价、话题度等的搜集、整理，进一步总结目标用户的偏好，以此确定以后卖货文案的输出方向。如此一来，随着对用户画像信息的逐层精细过滤，我们的卖货文案就能更精准地戳中用户的痛点，让他们迫不及待地下单。

总而言之，卖货文案绝不是套用几句万能模板即可，要想产品销量好，最重要的就是找到你的目标用户，用好文案吸引对方停下来关注你，进而购买你的产品。

把握两个重点，找到你的目标用户

　　要想创作出一篇转化率高的卖货文案，我们在创作之前必须搞清楚一个问题：文案是给谁看的？当我们弄清楚目标用户是谁，明确目标用户关注的重点之后，我们才能聚焦于用什么样的方式为自己的卖货文案设置"钩子"，从而吸引目标用户下单。

　　那么，该如何通过文案精准找到我们的目标用户呢？除了前面说过的目标用户画像方法之外，针对产品新旧属性，我们要将产品分析与用户分析结合，把握好下面两个重点，就能更精准地找到卖货文案的目标人群。

新产品的文案：从用户需求发现你的目标用户

　　在针对新产品构思文案时，我们通常缺少以往用户的参考数据。这时候，如果能从用户需求入手，我们就能更快地发现文案的目标用户，因为用户需求表明用户的购买意愿和购买力，有意愿和能力购买，才能最终成交。目标用户的需求通常可分为两种，一种是真实需求，另一种是潜在需求。

1.真实需求

真实需求，指的是目标用户对产品本身存在购买需求。以手机为例，它几乎是每个人必备的电子设备，因此它的目标用户并不清晰，甚至可以说是极广，我们很难快速地确定它的目标用户。但不同手机产品在功能、外观、价格等方面各具特色，对不同人群具有不同的吸引力。

比如，外观更轻薄、纤巧、亮眼的手机，吸引的往往是对手机外观有更高追求的女性用户；功能比较平衡，设计中规中矩，但价格相对更低的手机，往往更吸引对价格敏感的刚需用户；摄影、摄像功能出众，但价格略高的手机，吸引的往往是喜欢用手机拍摄，并且对价格不太敏感的用户……

从手机产品的特点反推目标用户的需求，我们就能轻松地找准卖货文案的方向，确定我们产品的目标用户，即使面对全新产品，我们也不会担心文案的创作。

2.潜在需求

潜在需求，指用户尚未明确意识到或未完全表达出来的需求。当目标用户的购买意愿和购买力并不那么强，且产品在市场中存在较多竞品和可替代品时，卖货文案就需要承担引导和创造用户需求的责任，以挖掘用户的潜在需求。

关爱牙齿，餐后嚼两粒益达！

——益达口香糖

益达作为销量和市场占有率都十分高的口香糖品牌，在文案创作方面有很多巧思值得我们借鉴。当市面上大多数口香糖广告还停留在"清新口气"这个卖点时，益达却另辟蹊径，将"关爱牙齿"作为广告核心卖点，引导和挖掘用户需求，发展了更多目标用户。

益达将口香糖和保护牙齿这个观点结合起来，先后创作出"关爱牙齿，更关心你！""不管酸甜苦辣，总有益达""我知道，饭后嚼两粒"这些广告词，转变了用户嚼口香糖的观念，让人们明白嚼口香糖对牙齿的好处，这样就成功地引导和创造了用户需求。同时，关爱牙齿和益达品牌相联系，也能让目标用户在有保护牙齿的需求时，第一时间选择益达口香糖，这就是成功的卖货文案。

✏️旧产品的文案：深度分析、挖掘目标用户

针对已经推广了一段时间的旧产品来创作文案时，产品目标用户的答案，往往藏在对现有用户的深度挖掘、分析中。旧产品往往已经经过了一段时间的市场检验，消费群体也相对固定。为提高目标用户的转化率，卖出更多的产品，在设计文案时，我们要对目标人群进行深度分析，挖掘这些人群真正的特点和痛点。

我们可以建立一张目标用户分析表，罗列出旧产品过去的用户标签，如性别、年龄、职业、收入、兴趣爱好、购物喜好、产品功能需求、产品情感需求、对过去产品文案的印象……通过对这些用户标签的细化，就能基本确定我们的目标用户画像。再结合用户画像，对目标人群进行深度挖掘。一方面，我们的文案要迎合现有目标人群的消费习惯、消费观念，在文案用词、价值导向等方面侧重现有的用户，提高用户黏性和忠诚度；另一方面，将我们的产品与竞品比对，用我们产品的

目标用户画像与竞品的目标用户画像做对比，分析双方用户的特点，结合推广产品的卖点和主要优势来重点打造文案，力求用文案吸引竞品用户成为我们的新用户。

总而言之，要想找到你的卖货文案的目标用户，就要明确你的文案给谁看，针对他们最关注、最想看的内容设计文案，这样你的卖货效果就能明显提升。

抓住四个切入点，
写出吸引目标用户的好文案

　　找到目标用户之后，接下来文案需要做的就是瞄准目标用户，挖掘他们的痛点、爽点，找准自己的卖点。但是，很多人写文案时都会在这里卡壳，不知道该如何切入，才能让自己的文案更具吸引力。其实，很多人会陷入一个误区，认为好文案就是让更多人"驻足观看"。事实并非如此，有效文案的重点是转化率高，也就是说，你的文案并不一定需要吸引广泛的用户观看，只要看到的人倾向于购买，能够激发他们的购买欲，你的文案就是成功的。

　　在消费领域，目标用户的性格千差万别，导致他们的消费观念和购买欲的引爆点也各不相同。在寻找文案的目标用户时，我们一直在寻找目标用户的共性，以确定文案的切入点。但是，要想提高文案卖货的转化率，我们还要学会对目标用户进行个性化区分，针对不同个性的用户，创作更贴近他们性格喜好的文案，找准不同文案的切入点，才能激起目标用户的购买欲。通常，我们根据四类目标用户的不同特点，来寻找文案的切入点。

感性冲动型

一部分用户喜欢感性地思考问题，他们的消费行为往往比较直率、冲动，因此情怀类、感动类的文案，以及能够给他们提供良好情绪价值的文案，都能激发这类用户的消费欲望。

比如，大众点评网的"9·17吃货节"系列海报，虽然平台卖的是美食，文案讲的却不是美食，而是有美食相伴的每个生活瞬间，"吃货"的生活切片或人生感慨。

> 想在有酒有肉的日子，
> 款待没心没肺的自己。

上面这条文案针对当下年轻人偏好的"苦了谁，都不能苦自己"的生活理念，提出用美食来"款待"自己的观点。

> 只要碗里满满的，
> 人生就不会空虚。

上面这条文案则针对当下年轻人独居、孤独感强、生活压力大的现状，提出用美食来充实人生的观点。

一个人的小寂寞，

让小鲜肉陪你过。

上面这条文案则融入"小鲜肉"这个网络热词，瞬间拉近了与年轻用户的距离，让人读后不禁会心一笑，既符合年轻人的语言习惯，也一语双关，点出"美食"这个真实的主题。

这一系列文案还包括"吃都吃得没滋没味，怎能活得有滋有味""所有的酸甜苦辣，今天都通通咽下去""甩得掉一身膘，舍不得一嘴馋"等，是对当下年轻人追求生活品质、面对的生活压力、减肥等共性话题的探讨和展示，打的是感情牌。通过一系列走心文案与用户对话，没有直接吆喝为什么要"吃"，却从犒劳自己、充实人生、解决孤独、人生意义、坚强生活等情感角度探寻美食的意义。这些戳中大众生活中细微敏感点的文案，更容易让感性、冲动型的用户买单，因为这类文案能引起他们的共鸣，所以"凭心情"往往成为他们下单的主要原因。

✏️ 理智沉稳型

理智沉稳型的用户往往对那些讲情怀、讲故事的文案不感兴趣，他们知道那些不过是商家的营销手段，因此他们更关注产品本身能给自己带来的好处。要想让这类用户买单，走情怀、情感路线的文案就不再奏效，因为他们更相信数据、事实提供的真实获得感。针对这类用户，我们创作文案时可以用产品的干货信息获得他们的信赖，促使他们心甘情愿地下单。

当产品有销量、品质等优势因素作背书时，陈述事实是最能打动理智沉稳型用户的方式。这就是说，你的文案越真实，越理性，越能获得这类用户的信赖，从而促使他们下单。

高傲虚荣型

这一类用户的经济实力比较雄厚，对品质的要求较高，希望消费行为能彰显自己的品位，从而获得除产品之外的心灵上的虚荣感。针对这类用户，能打动他们的文案大致可分为两类：一类是低调奢华、高端大气的；另一类则是态度谦和，将他们捧得高高的，恭维和赞美他们的。因此，我们可以从这两个角度切入，来促使这类用户下单成交。

比如，欧莱雅的广告语：

我值得拥有。

从表面上看，该文案是对用户的恭维，向用户输入一种"配得感"；从深层次来分析，该文案也在暗示用户，欧莱雅品牌是追求生活品质的，精英如你，值得拥有欧莱雅这样体现生活品质的产品。这就是说，这个一句话文案在抬高自己的同时，又满足了用户的虚荣心，可谓一箭双雕。

犹豫多疑型

如果你的目标用户是犹豫多疑型，要想打消他们的疑虑，让他们快速下单消费，那么在创作文案前，你首先要弄清楚这类用户的疑虑，继而有针对性地在文案中逐一真实地呈现产品信息、品牌荣誉、服务保障等，你的文案越大程度地消除他们的后顾之忧，也就越具有带货能力，从而催生这类用户的购买欲。

　　总的来说，你的文案不必讨好所有人，只要能打动你目标用户中的一部分，让他们迅速下单，你的文案就是成功的。对于同一件产品，站在不同类型用户的视角，有不同的切入点，因此分析你的目标用户，找到你的文案宣传中想"拿下"的目标用户，找准能刺激他们的点，把文案写进用户的心坎里，这样你的文案就能实现用户的高转化率，从而让卖货变得更轻松。

读懂六个心理"显规则"，
激发用户潜在购买欲

文案的本质，是为全世界当翻译，将简单、平实的内容和话题，用更戳心、更具吸引力的方式传达给大众。在文案创作中，形容词、名词、数据、事实、夸张、比喻……都只是文案创作的技巧，属于外在的功夫，而文案真正的内在功夫是读懂用户心理。读懂用户心理，抓住用户的痛点，用文字激发用户的潜在购买欲，这样你的文案才真正有效。

传统文案营销思路往往遵循三个基础步骤：一是分析产品和目标用户，二是强调产品优势和卖点，三是用清晰、简洁的文案表达出来。但是，随着文案营销的平台和途径越来越丰富，传统文案营销思路已经不能完全满足当下市场的需求。如今，要想卖货卖得好，你的文案要在传统文案营销的基础上把握用户的心理，为用户制造一些打破常规的阅读惊喜感，在洞察人心的基础上，用文案引起情感共鸣，能共情的文案，才能提高用户的转化率。

让我们看看当下热度非常高的小红书文案是如何巧妙洞悉用户心理，快速"种草"，实现卖货的。

2023年年末，小红书在年终大促中，以"礼物季"为噱头，结合年底用户的购物需求，在平台上发起了好物诗歌文案共创活动，围绕"轻松买到仪式感"这句活动标语，众多品牌也都交出了十分具有吸引力的"种草"文案，从而促进了产品的销售。

想不通的事，就用"梳"的。

——初心经络梳

吃了点心，才能长点心。

——卷边荷叶点心盘

不难发现，小红书此次活动的产品文案紧扣的核心点都是"仪式感"。因为当代年轻人都追求仪式感，希望借助仪式感给生活带来治愈和感动，所以上面列举的这些文案讲的也都是仪式感，通过文字给用户描述生活小物在寻常生活中创造的场景感和价值感，这样的文案卖的不仅仅是产品，还是产品附加给用户的情绪价值，即给用户提供积极、美好的情绪价值，这样用户自然乐于下单你的产品。

在当代消费市场中，除了实用、性价比等因素之外，越来越多年轻用户看重消费过程中的"悦己"感。这就是说，你的文案越懂他们的心理，让他们在购物中获得愉悦感，就越具有卖货能力。

广告文案实际上也是销售过程的一个环节，你只有知道用户在想什么，才好用文字"对症下药"，征服用户的心。为了让文案更好地愉悦用户，下面这些心理"显规则"，是我们在文案创作时需要掌握的。

1.求美心理

爱美之心，人皆有之。对美好事物的不懈追求，是人人都有的心理，所以在创作卖货文案时，我们要把握人们对产品美的追求心理。一方面要注意塑造产品本身在品质、工艺、外形等方面的美感，另一方面要勾画用户使用产品时的美好场景，让用户对产品创造的美好生活心生向往，这样你就能成功地卖货。

2.从众心理

消费市场中有一种现象，对于某款产品，购买的人越多，销量越好；越是无人问津的产品，销量越会每况愈下。因为多数用户都有从众心理，越多人选择某款产品，就证明该产品越值得购买。所以，要想让你的卖货文案更吸引人，不妨根据产品实际情况，加入能体现销量的字眼，这样在从众心理的加持下，用户就会更青睐选择你的产品。

3.贪利心理

低价永远是吸引用户的撒手锏之一，产品价格低于平时价，或低于市场同类商品价，总是能吸引很多用户驻足购买，这就体现了人类的贪利心理。无论产品对自己有没有用，总有用户觉得打折不买就像亏了钱一样。在促销文案中，不妨将"打折""打折让利"这类字眼加进去，不要觉得价格战在文案中显得土气，要知道简单的招式往往最具"杀伤力"。

4.便利心理

当前，越来越多的用户追求便利的生活模式，希望在消费过程中收获更便利的服务。你的文案要能抓住用户追求便利的心理，让他们感受到产品在某些环境下可以更方便地使用，"便利"字眼就会成为他们选择产品的理由。比如，对于抽绳垃圾袋，"一拉打包，不脏手"这样的宣传文案，就能提高它的销量。"一拉打包"和"不脏手"都是产品便利的特点，相较于平口垃圾袋，用户自然更愿意选择更便利的抽绳垃圾袋。

5. 比价心理

大多数用户在选择产品时，对价格都较为敏感。要想让用户买单，你的文案就要让他们觉得自己买得划算。比如，你现在想主推一批399元的羽绒服，如何营销会比较好呢？比较常见的一种做法是：在这件399元的羽绒服旁边放一件款式类似，但标价1399元的羽绒服。用户通过两相对比，就会觉得399元的羽绒服十分划算，这就利用了用户的"比价心理"。卖货文案也要学会这一招，给某款产品找个参照物，对比宣传产品，体现该款产品的性价比，反而比长篇大论的文案更有效。

6. 好奇心理

好奇心是人的天性，对于自己不了解的事物或与常识不符的事物，人们总会想去了解一下，因此"商不厌奇"在文案创作中也屡试不爽。如今，营销活动策划得越来越新奇，目的就是想吸引人们的目光，增加客源。文案若能勾起人们的好奇心，那就离卖货更进了一步。

比如，某品牌瓜子的宣传文案中，主播A的口播文案是："这个瓜子颗颗饱满，粒大香甜，是我吃过的最香的瓜子。"虽然文案突出了瓜子的两个卖点，但这卖点尽人皆知，毫不出彩，很难引起用户的关注和购买欲。而主播B的口播文案是："我告诉大家，就是为了多吃几颗这个瓜子，我那天错过了一班回家的高铁。"这样的文案没有介绍瓜子口味多好，却通过事件的特殊结局，让人们对瓜子产生了好奇心，进而激发购买欲。这就是说，抓住人们的好奇心，你的卖货文案就成功了一半。所以，要想让你的卖货文案更能吸引用户下单，不妨试试突出产品"奇"的特点。

总之，文案也是销售中的一环，卖货文案只有懂用户内心世界，才能勾起用户的购买欲。如果你的文案平平无奇，抓不住重点，或者不知道如何切入文案，不如先分析用户的心理，看看如何将他们的需求与产品进行联结，然后利用用户的常见消费心理，就能写好卖货文案。

洞察用户"读后感"，
一条文案思路轻松征服用户

　　读懂用户心理并不是一件容易的事。很多时候，我们在创作文案时认为自己对产品、用户心理已经做了深入的了解，但实际上用户在读到你的文案时，想的可能是："这产品的功能都很好，可是对我来说有什么用呢？""这款产品价格虽然便宜、划算，但不买的话立省百分百，我为什么要花这个钱呢？"

　　我们在文案中设计了一堆"钩子"，但没有一点能精准打动用户的心。那么，为什么你的文案无法走进用户的心里，不能激起他们的购买欲，更没法让他们迫不及待地下单呢？原因可能是你在文案创作时会错了意，没有想明白为什么要写某条文案。

　　从某种意义上讲，用户不会像你写文案一样，挖空心思说服自己为什么购买某款产品。对他们来说，你的文案写得越直接，让对方越少拐弯地思考，越能直接感受产品的价值，就越能打动他们。这就是说，你要洞悉用户阅读文案后的"读后感"，知道他们读到这些文字时在想什么、做什么、感受到了什么，你的文案才能征服他们。

在面对一款产品时，初级文案想到的内容是："这是一款 ××× 性能优秀的产品。"进阶文案想到的是："这是一款专门为 ××× 人群设计的产品。"而文案高手的思路则是："这是一款可以帮你实现 ××× 的产品。"对比这三种境界的文案，我们不难发现，越把产品能达到的效果具象化地描述给用户，将产品定位到具体的使用情景，文案的卖货能力就越强。

比如，小米电饭煲的文案就十分关注用户的"读后感"，通过"属性＋带来的利益"这种表达结构，阐释了为什么要买小米电饭煲。

自定义调节米饭软硬口感，
从松软到饱满，
谁都能做出一碗好米饭。

上面这条文案弱化了煮饭的门槛，打消了用户对电饭煲使用难度的顾虑。

手机远程控制，
下班前启动电饭煲，
到家就能尝到温暖的米饭。

上面这条文案则借助具体应用场景直观地说明"手机远程控制"功能给用户带来的便利。

多功能烹饪的实力担当，蒸煮煲炖焖，多才多艺的厨房能手。

上面这条文案则以具体烹饪应用为实例，在展示电饭煲功能优势的同时，将应用具象化，降低了用户对陌生科技感文案内容理解的门槛。

小米电饭煲的这一系列文案从用户视角出发，通过对产品属性具体使用场景的呈现，直指用户的利益，用更直接的语言，描述产品给用户带来的好处。如果文案单纯写"手机远程控制"，这是站在卖家产品角度来介绍产品功能的，那么用户就不会想到远程控制对一个电饭煲而言有什么用，从而直接略过这一功能。但站在用户"读后感"的角度，文案介绍"到家就能尝到温暖的米饭"，这就是逻辑更顺畅的宣传方式，顺应用户的阅读期待，说明了小米电饭煲带来的实际价值，这才是用户最关心且最愿意看到的。

所以，在写卖货文案时，最重要的不是宣传产品是什么，而是要让用户知道产品能为他们做什么。并且，在告诉用户产品带来的利益和价值时，你文案的描述越直接，越有情境感，越贴近用户的阅读逻辑，就越能让他们少思考，就越能打动他们，让他们在阅读文案后做出反应，更快下单。

要记住，能卖货的文案，不是让用户拐弯抹角地思考。让用户的"读后感"越顺畅，越能让他们想象出使用产品时的美好景象，这样他们才越容易下单。

文案找对"场景感"，
五分钟让用户痛快买单

你是否经常觉得自己写出来的文案干巴巴的，一点儿也不能打动人？这很可能是因为你的文案是靠词汇堆砌起来的，缺少画面感，无法让人身临其境地去想象和感受。好的卖货文案善于把抽象的功能具象化，你文案的描述应该能让用户直接看到他们使用某款产品的场景。你的文案只有将使用产品的各种生活场景展示给用户，让用户看到你的产品和他们生活的具体关联，用户才会对你推荐的产品动心。

实际上，卖产品和卖场景在文案创作中遵循的是两种不同的底层逻辑。文案若是站在卖产品的视角创作，就是用利己思维，以商家利益为导向来创作的；而卖场景时，则是用利他思维，站在用户的角度设计文案。

如今，要想提高产品的销量，我们不宜再采用自卖自夸、罗列产品优势这样传统的文案来营销产品。如今的年轻用户更看中文案的氛围感、代入感，他们希望在广告文案中看到产品真正出现在自己生活中带来的美好体验。所以，要想你的文案能卖货，就要把产品的功能和对用户问题的解决方案场景化。

那么，究竟什么是文案的"场景感"呢？我们不妨看看下面这个例子。

一件免烫抗皱衬衫。

上面这句文案阐述的是衬衫这件产品"抗皱"的功能特点，但文案内容比较扁平，难以触动人心。那么，我们该如何在文案中进行场景感的塑造呢？

一件不怕挤地铁的衬衫。

上述文案只是简单地将衬衫植入挤地铁这样一个场景中，衬衫"抗皱"的卖点就变得更有说服力，而且结合挤地铁这个场景，用户也能更直观地想象出自己穿着衬衫的画面，从而成功地赋予了文案"场景感"。

所谓"场景感"，就是指产品使用的场合、特定使用情景、用户使用感受。通过塑造场景感，我们能在文案中植入品牌调性、产品卖点，能直接给用户展示使用场景和感受，在吸引用户注意力的同时，也能与之产生共鸣，让文案更加深入人心。

由于产品类型不同，目标用户差异较大，打造卖货文案的"场景感"不能一概而论。但是，下面几种开启卖货文案"场景感"的切入方法，值得我们借鉴。

1. 空间的场景化

昆仑山矿泉水另辟蹊径，创作出了下面这则巧妙营造空间场景的文案：

我从6000米的雪山坠入你口。

——昆仑山雪山矿泉水

这条文案巧妙地用"6000米""坠入"这两个词营造空间场景，短短一句话不但揭示该矿泉水的水源地，而且"坠入"这个简单的词，打造出雪山山泉水入口的动感，让人们想象出雪山矿泉水清冽的口感，颇有"望梅止渴"的作用。

2. 感受的场景化

感受的场景化能直接戳中用户的痛点，帮用户看到产品在解决问题方面的必要性和作用，用户在遇到类似困难场景时，就能第一时间联想到产品，这样卖货的目的也就达成了。

比如，红牛这么多年的营销文案一直致力于将产品与能量进行绑定：

困了累了，喝红牛！

——红牛维生素功能饮料

这条文案通过描写疲倦的感受，植入红牛饮料的饮用场景，一句话就将红牛与各种困倦场景相结合，为用户提供了解决方案。

市场上采取类似广告文案路线的还有士力架。士力架通过"饿货，来条士力架"这样简洁的广告语，将士力架与饥饿场景紧密结合，成为大众购买士力架的推手，让用户在需要快速缓解饥饿时，首先想到士力架。

3. 事件和使用的场景化

将文字聚焦在事件和使用场景上，能让目标用户轻而易举地理解和接受产品，甚至在遇到特殊场景时，会因为产品调性和文案的共鸣，更倾向于选择你营销的产品，这就是文案营造的事件和使用场景化促成的卖货。

比如，锐澳在饮品市场中就将视角聚焦于"空巢青年"群体，针对那些身处热闹都市的独居青年打造了一系列描述独享生活的场景文案。

在冰箱前点兵点将，这才是夏天的正确打开方式吧。

微醺，就是把自己还给自己。

以上文案中列出的生活场景虽然都很寻常，不过是人们日常生活的切片，但都市青年在人际交往、工作生活的多重压力下，总会希望在这种寻常场景下，获得片刻的独处和自我修复，这是一种很细腻的情感，却是很多人生活中必不可少的一种释放。

锐澳这一系列文案以"微醺，就是把自己还给自己"的主题贯穿始终，营造微醺就是一个人小酌的场景。年轻人为什么要选择锐澳呢？锐澳并不是一款适合应酬或朋友间小酌的酒，它的酒精度数较低，相对于传统意义上的酒来说，它更像是含有酒精的气泡饮料。所以，锐澳巧妙地用具有场景感的文案，对这款微醺小酒进行定位，主要针对"微醺""独饮"场景，锐澳文案试图唤起用户对独自一人生活场景的想象，勾勒的是独酌微醺时安静思考，自得其乐的氛围感，这就是锐澳的主要卖点之一，也是锐澳文案在场景感构建方面的成功之处。

　　总而言之，具有场景感的文案就像在用户面前放了一个大屏幕，借助文字的力量让用户感受到真实拥有和使用某款产品时的感受，这样用户就会觉得如果自己拥有这款产品，就能够像文案中描述的一样解决问题，获得便利，收获更美好的生活。因此，用户的购买欲就会被激发，自然乐于下单，卖货文案的任务也就完成了。

第二章

抓卖点：卖点挖得深，
卖货量更高

告别自嗨式文案，
"吸金"文案都有对话感

创作文案最令人头疼的情形是什么呢？大概是你在电脑前，为了品牌宣传或产品销量抓耳挠腮地想了一系列自以为"空前绝后"的文案，觉得自己从遣词造句到产品卖点都写得非常细致，结果却发现，用户根本不买账，甚至对你的文案不屑一顾。

究其原因，可能是你那些绞尽脑汁的"尬聊"文案，一经投入市场就"沉没"了，而竞品文案比你"会说话"，用户也更愿意为那些能戳中他们内心关注点的文案去消费。通俗来讲，就是你的文案在"自嗨"，却没有戳中用户的"嗨点"，自然难以推动销量。所以，我们不妨思考用户究竟想从你的文案中看到什么。

让我们先来看看广告界的高手是怎样告别自嗨文案的。

在碳酸饮料市场中，可口可乐和百事可乐这两家公司一直都是竞争对手，而且二者从口味、价格、购买便利程度等来看，并没有明显的差异。由于可口可乐推出得更早，历史更悠久，面对这个实力强劲的对手，百事可乐又是如何用广告文案提升销量的呢？

百事可乐曾对自己的用户进行过一次详细的市场调查，结果发现，选择百事可乐的用户群体，主要为年轻人，于是它把自己定位为新生代的可乐。进一步对年轻用户群体购买百事可乐的原因进行调查，结果发现，促使这些用户购买百事可乐的诸多因素中，"品牌知名度高""包装时尚""饮料气流喷出体现一种年轻时尚感"成为他们购买百事可乐因素的前三名。另外，调查还发现，百事可乐用户的饮用场景多为聚会、游玩、看球赛等时刻，这也体现了百事可乐产品的消费群体主要是年轻人，这些用户随性、洒脱，更在意的是饮用百事可乐时带给自己的年轻、时尚、独立的体验，而不是可乐口味本身。

通过对用户购买原因、购买场合、购买年龄段等问题的调查，百事可乐更精细化地定位了自己的目标用户，其对用户的画像变成渴望激情、敢于挑战、个性张扬的年轻一族，将目光聚焦于年轻一族的市场，将自己定义为新生代可乐，并用游戏虚拟人物、年轻的超级歌星等作为代言人，推出"新一代的选择"这句广告语，重新传达品牌定位，为自身开拓了年轻一族的市场。

其实，随着人们对健康的关注度逐渐提高，市面上各类饮料产品也越来越丰富，百事可乐这种已经家喻户晓、口味传统的饮料，对用户的吸引力正在逐渐减弱。传统合家欢场景、运动场景、聚会场景等，已经很难成为产品的卖点。而百事可乐文案的高明之处，就在于它没有自嗨，而是通过市场调研，更精准地把握住它的广告要对谁说，同时也明确了目标用户想听什么。"新一代的选择"是具有对话感的文案，是对年轻人青春、时尚、特立独行性格的肯定，它在告诉选择百事可乐的用户：选我，你就是新一代！

很多人在写卖货文案时，苦于产品卖点比较多而难以选择，好像从任何角度切入都很合理，但又似乎任何一个角度在吸引力方面都差一点儿。这种写文案时举棋不定的感觉，就是因为你忽视了你的文案在对谁说话，你的卖点要传达给谁。

文案在卖货和品牌建设中的"自嗨"，主要表现为在品牌中过度沉浸于自我创新和自我满足，忽视了市场趋势和用户内心的需求，这就容易导致你的文案与用户之间没有关联，甚至引起用户的反感。能"吸金"的卖货文案，不是将你觉得好的卖点灌输给用户，而是挖掘用户的苦恼、困惑、渴望等，继而满足他们的期待，让你的文案就像精准对话一样，传达给用户。

比如，哈药六厂针对老年人生产的高钙片，就曾推出以下广告文案：

这人啊，一上年纪就缺钙，过去一天三遍地吃……新盖中盖高钙片，水果味，一天一片，效果不错，还实惠！

配合文案出现的，是一个平易近人的老奶奶，一边上楼一边说话的画面，既有对文案内容的具象化阐释，也更有"对话感"和亲切感，仿佛就是我们的邻居奶奶提供的亲身经验。

从以上广告文案中，我们都能感受到"对话感"，广告没有硬性宣传高钙片的含钙量高，而将卖点融入像对话一样的文案中，既是广告主角对自己身体状况和补钙选择的描述，也通过朴实的话语中告诉用户：像我这样的老年人，就选盖中盖高钙片。这样将产品卖点藏在与目标用户的对话中，更容易让用户接受，避免用户产生厌烦心理。同时，仿佛娓娓道来一般的对话文案，也能拉近产品与用户的距离，让用户内心产生购买的冲动。

总的来说，有对话感的文案，就是将产品与用户进行深度联结，了解用户内心的需求和期望，总结他们的消费习惯和消费偏好；在挖掘产品卖点时，不去强调你觉得好的卖点，而把用户想看到的卖点放在第一位。这样的文案就能吸引更多用户，实现成功卖货，因为你的"对话感"文案让他们觉得自己是"被选中的人"，内心就产生了非买不可的冲动。

卖货文案 GPS，
锁定让用户心动的三大焦点

老板或甲方否决你的文案时，是否经常这样说："我觉得你的文案缺少感染力。""用户应该不会想看你的文案，卖点不够打动人。""你这个文案不能激发用户的购买欲望。"

那么，该如何才能解决以上这些问题呢？在文案同质化严重，用户的期望值越来越高的今天，一个文案火了，第二天在各大平台上，我们就能看到铺天盖地的类似文案。这样千篇一律的文案在第一眼新鲜劲儿过后，又有谁会去看呢？买家永远只看自己最想看的点。

有人会问，不同买家关注的点各不相同，比如，一个蒸煮锅，家庭主妇最关注的点可能是锅耐不耐用；烹饪博主最关注的点可能是锅的外观是否时尚，能不能出片；而独居青年更关注的点则可能是蒸煮锅的功能是否完善，能不能满足自己做出一人食、丰富三餐的需求。由此可见，针对不同人群，文案并不能通用。要想提高产品的销量，你的文案就要找到买家最想看到的点，你的文案才能从众多文案中脱颖而出，引爆销量。

那么，用户最想看到的点是什么呢？虽然产品千变万化，但用户最想看到的卖点大致可以归纳为三类，即痛点、痒点、爽点。只要在这三点上下功夫，你的文案就能带动销量，让用户迅速下单。

1. 文案痛点

说起文案的痛点，即使是文案新手也知道抓住痛点，就能抓住用户的心。那么"痛点"究竟是什么呢？

所谓痛点，就是用户在使用产品或接受服务时遇到的各种各样的困难、不便、不满之处，像产品功能不足、操作复杂、性能欠佳、使用体验感差等。文案抓住用户的痛点，就是在文案中描述当下用户在使用产品的过程中遇到的、未被满足的所有困难，并提供解决方案，让用户知道选择你的产品，可以解决他们的困难。

解决问题，是文案抓用户痛点的核心思路，你的文案能说明你解决问题的能力，那么用户就会选择你。

抓痛点的文案，就更适合那些具有专业功能、独家技术的产品，人无你有，就是你打动用户下单的核心竞争力。

比如，手机用户最害怕的是关键时刻手机没电，"怕没电"就是这类用户的痛点。针对用户的这一痛点，"充电五分钟，通话两小时""超长待机 60 小时"，都是能打动用户的文案。

2. 文案痒点

相较于痛点，文案的痒点可能没那么容易理解。要知道，人们在购物消费时，往往并不都是非刚需不购买，用户可能会因为好奇心、情感需求、从众等心理而购买某些产品，这些促使用户购买一些非必需品的原因，都可以归结为用户的痒点。

所谓文案痒点，就是在解决用户痛点问题的基础上，在用户的心上"挠痒痒"，让他们觉得自己必须拥有某款产品，激发他们内心的渴望。让我们看看下面这两则直击痛点和痒点文案的差别。

文案1 告别秋冬干燥，呵护你的唇部肌肤。

文案2 还你水嫩嘟嘟唇，让你四季拥有水蜜桃般软嫩嘴唇。

两条文案强调的唇膏卖点其实都是保湿功效，第一条文案直击痛点，第二条文案则在解决痛点的同时戳中用户的痒点，毕竟谁不想拥有水蜜桃一般软嫩的嘴唇呢？如果说痛点型文案强调的是"你需要拥有我"，那么痒点型文案则在告诉用户："选择我，你就会变得更好。"

实际上，用户的痒点源于他们对产品的兴趣和渴望，更依托于心理和情感需求，而非生活必需。所以，你的文案如果能触及用户的痒点，让他们内心产生对产品的向往，就能促成用户下单。而且，文案对用户痒点的挖掘，有助于产品在市场中实现差异化竞争，基于用户痒点找到卖点，也能帮助我们重新实现产品的市场定位。

3.文案爽点

爽点，就是用户在消费过程中即时获得的满足感和愉悦感。如果说痛点型文案是为用户解决问题，痒点型文案是帮助用户发现自己内心的愉悦点，那么爽点型文案成功的关键就在于给用户带来即时的满足感和愉悦感。

比如，当下很多直播间的口播文案，就是利用了用户内心的爽点。

原价 1999 元的 ×××，今天只要 199 元。

现在下单，秒发货，明日送达。

倒数 3 秒钟，抢 1 元秒杀产品。

　　这类文案都是利用了用户内心的爽点，设置一个较低的门槛，让用户有易得感，有即时占便宜的感觉，这样用户往往就会冲动下单消费，不知不觉间就购买了计划外的产品，消费超过自己心理预期的金额。

　　爽点型文案的关键是满足用户即时的消费欲望，满足的是用户兴奋型消费需求。在抓住痛点的同时，你的文案如果能调动用户的感官想象，让他们在脑海中迅速构建拥有产品的快乐感受或场景，就能促成他们的下单，提高卖货量。

　　总之，要想你的卖货文案获得成功，就要找到用户的痛点、痒点、爽点，这样你的文案就能戳中用户的心，继而撬开他们的钱包。

挖掘用户痛点，精准提炼产品卖点

在用户最想看到的类型文案中，痛点型文案永远是"杀伤力"最强的。你的文案如果能直击用户的痛点，就能让他们欲罢不能，痛快下单消费。无论是文案新手还是文案高手，都知道将产品卖点和用户痛点结合的重要性，"痛点先行"，就能抓住用户的心。同时，每个文案几乎都会面临同一个问题，总有聪明人先你一步挖掘出市场上用户的痛点，并推出众多解决这些痛点的产品，那么你手中的产品又该如何脱颖而出呢？

其实，用户心中的痛点并非天然存在。环顾市场上的产品，我们可以发现很大一部分产品在多年前根本不存在，也就是说，在这些产品没被生产出来之前，用户并没有这方面的购买诉求，而这些产品出现之后，用户的诉求随即产生，这些随产品而出现的买家痛点是被商家挖掘、唤醒、包装，甚至是制造出来的。所以，要想你的文案能卖货，不要苦恼于用户心中的痛点已经被其他产品满足，不要担心你的文案落入窠臼，缺少吸引力。换个角度挖掘用户的痛点，将用户心中的痛点与产品卖点相结合，用痛点去包装产品的卖点，这样你的产品就不愁卖了。

一般情况下，我们可以尝试通过以下三种方法挖掘用户痛点，将痛点与产品卖点相结合。

1. 跨界法

虽然用户心中的痛点是有限的，但针对痛点，你的产品可以有不同的包装方式，即换个角度去诠释产品卖点，解决用户心中的痛点，这样你的文案就会让人眼前一亮，产生购买的欲望。但使用这个思路创作卖货文案有一个前提，那就是你要对所卖产品的功能有深入的了解。

比如，卖灵芝、阿胶这类产品时，文案宣传的卖点一般是美容养颜，主要是向有美容保养方面需求的用户进行推销，文案基本也是围绕这方面创作的。美容确实是用户的痛点之一，但灵芝和阿胶的本质功效并不是美容，而是滋补气血。滋补气血也是用户的痛点之一，但不够直观，我们顺着这个思路挖掘，气血不足会导致哪些更严重、更普遍的问题呢？主要是睡眠问题，如失眠多梦、入睡困难等。

这样深度挖掘以后，我们在写卖货文案时，就给灵芝、阿胶这类产品找到了新的营销切入点——调理失眠问题。如此，灵芝、阿胶这类产品的受众一下子就从爱美女性用户，扩大到更广泛的被睡眠问题困扰的人群，这个痛点与产品卖点的结合能囊括更广泛的用户，对痛点的把握也从非刚需变成刚需。这就是对产品卖点提炼成功的卖货文案。

2. 对比法

不吸引人的卖货文案常犯的一个错误，就是在挖掘产品卖点时，经常流于表面，对产品的本质功能挖掘得不够深刻。你的文案只有挖掘出用户自身都没能留意到的痛点，才能促使他们下单消费。

在深挖用户痛点，精准提炼卖点时，运用对比法将场景写进文案中，会有意想不到的营销效果。

比如，一套旅行睡眠用品，包括睡眠眼罩、U形枕和睡眠帽三种产品，在宣传文案中强调的卖点是"给你仅次于床的睡眠"。一般文案会强调旅行睡眠用品的便携性、舒适感，但这些文案看起来都很苍白，不足以打动人。而将旅行睡眠用品与床进行对比，则立刻让人们的舒适感具象化，用户在旅行环境下的特定痛点被精准捕捉，毕竟谁不希望在奔波的旅途中能获得像在床上一样舒适的睡眠体验呢？

另外，这则睡眠用品的文案，还提出了"U形枕可以减轻70%的颈椎压力"，这句唤醒用户痛点的文案可谓十分高明。很多人在旅途中睡醒后脖子会比较疼，但一般人仅仅会将U形枕与舒适感联系在一起，感觉自己有更好，没有也可以，达不到刚需购买的地步。但文案将U形枕与颈椎压力、颈椎健康联系在一起，并通过对比，将用户的非刚需转化为刚需，深度唤醒用户的痛点，将产品功能与卖点做了更深层次的融合，这样的文案自然更具卖货能力。

3. 第三视角法

所谓第三视角，就是指有些需求和痛点用户本身是看不到的，需要通过第三视角，由他人点出之后，用户才会意识到自己为何需要某款产品。

仍旧以旅行睡眠三件套为例，三件套中有一件是睡眠帽，睡眠帽在旅行睡眠中有什么功用呢？用户为什么要花钱购买并携带睡眠帽去旅行呢？

广告文案中这样描述："旅行睡眠帽，遮挡睡相，让你的旅途睡眠更安心。"

"遮挡睡相"就是可能被用户忽视的第三视角卖点和痛点。如果文案没有提出来，很多人可能会忽视旅行中自己的睡相被陌生人看到的尴尬，但引入第三视角后，就能唤醒用户对产品这种功能的关注，进而激发购买需求。这就是第三视角挖掘卖点的优势，同时也将用户的痛点挖掘得更全面。

总之，要想让你的产品更具吸引力，更好卖，文案对产品卖点的提炼就一定要与用户的痛点进行深度结合。你挖掘的用户痛点越全面，越扎心，就越能激发用户的购买欲望。记住一点，好文案，能唤醒用户忽视的痛点。

别让用户眼花缭乱，关键卖点只要一个

一些人在写产品的推广文案时，喜欢罗列产品的优势和卖点，认为一件产品有 N 个优势和卖点，就一定更吸引用户，这就好比买一件产品享五重好处，谁能拒绝这么划算的事呢？

这显然是从企业的角度来进行文案创作的，这类文案认为只要自己的产品足够好，用户就一定会选自己的产品。但是，这么做就造成了一个问题：处处突出重点，也就是没有重点。你的文案如果让用户感觉眼花缭乱，那么他们就会忽视你的特点，记不住你的产品。用户都没有记住你的产品，又怎么会选择呢？

关于产品的关键卖点，我们先来看看一些成熟大品牌是如何做的。

以汽车品牌为例，不同品牌的汽车在推出不同车型时都会有不同的卖点，但每个品牌的关键卖点往往都只有一个。

提起奥迪，它的关键标签是科技。

提起奔驰，它的关键标签是内饰。

提起沃尔沃，它的关键标签是安全。

这些关键卖点已经在用户心中根深蒂固了。这些产品的关键卖点越清晰，就越能精准地吸引目标用户，卖货量也就越高。

要记住一点，面面俱到就相当于泯然于众人，产品的关键卖点只需要一个，只要关键卖点足够吸睛，那么你的文案就能推动产品的销量。

那么，如何做才让产品的关键卖点更吸睛呢？下面三种方法，可以提升你文案的卖货能力。

1.强调产品的珍贵性

越是珍贵、稀缺的东西，越能激起人们的渴望。产品也一样，你的产品越珍贵，就越能激起用户的购买欲望，因为珍贵本身就能赋予产品更多价值。

比如，小米手机的广告文案，就通过对其外壳制作工艺的描述，突出其珍贵性的卖点，体现小米手机的每个细节都力求完美的特点。

一块钢板的艺术之旅，

40道工艺制程，193道精密工序。

精心打磨的不锈钢金属边框，镁合金极轻构架成就了坚固的机身……

2.转变购买动机

用户购买产品时都会有一个特定的动机。比如，买全自动马桶是为了体验舒适、清洁，买洗洁精是为了刷碗干净，买吸尘器是为了家庭地面的清洁。你的文案如果能转变用户购买产品的动机，给用户提供一个全新视角下必须购买产品的关键理由，那么你的文案就能吸引用户下单。

全自动马桶一定是为了健康、清洁的如厕体验吗？某马桶销售案例给出了另外一种答案：

> ××马桶抱回家，静音冲水，让父母下半生都能睡个好觉。

这条文案就巧妙地转变了用户购买马桶的动机。文案单纯地强调马桶冲水静音这个卖点时，用户可能会不为所动，但若将这个关键卖点和父母生活联系在一起，则购买马桶这一消费行为就从日常生活的需要转变为孝顺父母的表现，更能满足目标用户的情感需求。你的文案无须花式罗列全自动马桶的诸多功能，只要冲水静音这一个关键卖点，恰当地引导用户的购买动机，就能够促成用户下单。

巧妙地转移用户购买动机的文案还有很多，比如某吸尘器的广告文案：

> 孩子的隐形玩伴无处不在，食物残渣和过敏原，容易聚集在难以清洁的地方。

将吸尘器的功能和为孩子营造健康、清洁的环境联系在一起，这些都是深度挖掘的用户痛点总结出的关键卖点，并且很巧妙地只强调一个卖点，将用户最想看到的点置于最显眼之处，让用户的记忆得到强化，最终促成目标用户下单。

3.关键卖点具象化

很多文案从业者在进阶后，虽然已经产生了关键卖点只选一个的意识，并且能选对关键卖点，但是写出的文案仍然难以吸引用户下单。究其原因，是文案对产品关键卖点的描述过于"书面化"和"扁平化"。

比如，在手机产品的推广中，我们已经确认了目标用户对手机的待机时间和充电速度要求比较高，也准备将手机充电快作为唯一的关键卖点，但在文案写法上可能千差万别。

案例一 90W 快充 +5500 毫安大电池，使用体验极大满足。

案例二 充电五分钟，通话两小时。

同样强调充电快这一关键卖点，如果你是用户，以上的哪条文案更能打动你呢？相信很多人都会选择第二条。毕竟配置数据对很多用户而言是陌生和无感的，"充电五分钟，通话两小时"却是卖点的具象化描述，无论用户对手机的功能参数是否有足够的了解，都能秒懂手机闪充的优势，自然更乐于为这个实用功能买单。

总的来说，好的卖货文案在突出关键卖点的同时，还懂得展现卖点的珍贵性，会引导和转移用户的购买动机，能让抽象的卖点具象化，让用户一眼秒懂产品的核心卖点。用户在文案中越快看到你想传达的信息，越快理解你想说服他们的内容，就能越快下单你的产品。

坚持三个原则，说出用户想听的话

围绕产品卖点策划文案，是很多文案创作者的共识。绝大多数文案创作者都有挖掘卖点的意识，但也会片面地认为产品的卖点一定要聚焦产品本身，如功能、价格、使用场景等。这样的思路容易将文案创作禁锢在对物的描述与刻画中，而忽视了产品销售中的一个关键因素，即卖货是钱物交易的同时，也包含了很大的情感因素，文案不仅能痛陈利弊，还能兼具温度，拨动用户内心的那根弦，促进他们消费。

所以，你的文案在包装产品卖点时，既要有理性的精度，也要有感性的温度，你只有说出用户想听的，他们才会甘心买单。

那么，如何做才能将产品卖点包装得更具温度和情感呢？通常，这要求你的卖货文案遵循以下三个原则。

1. 真诚的原则

高级的卖货文案绝不是扁平的商品推销，而是让用户的情感与商品产生联结，让情绪主导消费。什么样的文字最能触动用户的心呢？当然是自然流露真情实感的文案。要相信，只有以真心换真心，用户才愿意为你的真诚买单。

比如，董宇辉在直播间一则卖大米的口播文案中，最打动人心的就是言语之间的真诚，他是这样说的：

我没有带你去看过长白山皑皑的白雪，我没有带你去感受过十月田间吹过的微风，我没有带你去看过沉甸甸地弯下腰，犹如智者一般的谷穗，我没有带你去见证过这一切。

这段文案并没有直接陈述大米的质量如何，但用"长白山""十月田间""沉甸甸地弯下腰"等相关的词语引导用户想象出稻谷在青山秀水间饱满生长的画面，言语间虽然没有对大米品质的描述，却句句都让人感受到生长在这样的环境下的大米一定是优质的。

在结尾处，董宇辉却话锋一转，回到了卖货的根本——产品，提出了弥补以上遗憾的方法：

但是亲爱的，我可以让你品尝这样的大米。

就像朋友一样，真诚地想把好东西分享给大家，弱化了卖货文案的功利性，可谓非常完美的卖货文案。

2.讲出用户的故事

好文案，往往不讲产品而讲故事，这是很多文案人达成的一个共识。但是，为什么同样是用故事包装卖点，有的文案难卖货，有的文案能让销量翻倍呢？其关键在于，文案里的故事，和用户有多大关系。

人总是对和自己有关系的事物更感兴趣。比如，在北极冰川融化和城市自来水污染这两个问题上，绝大多数人都会更关注自来水污染问题，因为这与他们息息相关。讲产品的故事也是一样，你的故事与用户关系越密切，就越能引起他们的关注，从而在产品中看到自己故事的映射，这样用户当然更愿意为自己的故事买单。

在讲好买家故事的文案创作方面，江小白公司的文案也有值得借鉴的地方。该品牌之所以能从一个名不见经传的大众白酒品牌，一跃成为受年轻人追捧的畅销品牌，得益于它把自身卖点和买家故事联系在一起的文案营销。

江小白公司在某年的新年，曾发布一系列关于"敬漂泊的我们"的文案：

敬自己：你吃过凌晨 5 点第一笼包子，总是做办公室最后关灯的那个人。

把过往封存在酒里吧！这样，当你回首时，才有故事。

上述文案描述的生活片段，是无数年轻人真实的生活，是最真实的工作日常。

爸，小时候我曾问你，为什么大人要喝酒？

你说因为小孩子不喝酒也开心。

现在我懂了，我不打算漂了，想回家了。

这段文案则点出了都市青年内心的沮丧，提出了困扰他们内心的问题：是继续漂泊还是回归家乡？这是无数在外打拼的年轻人的共同困惑。

> 每次凌晨下班回到出租公寓，
>
> 看见你在就觉得这里也是"家"。

反思一下，这段文案描述的深夜回家的画面，是不是无论从事什么工作，身在何处，你我都在某个时刻真实经历过呢？这就是"我们"的故事的魅力，像给我们安了监控，见过我们的日常生活片段，更懂我们的所思所想。

其实，将酒和故事包装在一起，并不是新鲜思路，但江小白文案里的故事总是和用户的生活日常息息相关，寥寥数语便勾勒出天南海北，城市角落里用户的人生剪影。借文案说出年轻人的心声，这与江小白产品本身定位的目标用户十分吻合。卖给年轻人的"情怀酒"，就讲年轻人的故事，他们在喝酒的同时，也是咽下自己生活的酸甜苦辣，这是买江小白酒的意义，也是江小白文案故事的成功之处。这就是说，讲用户的故事，用户才会为故事买单。

3. 用感情为用户赋能

好文案不但能告诉用户需要什么，还能指引用户看到自己拥有产品后将成为怎样的人。文案在包装产品卖点的同时，也在诠释产品的调性。一款产品的调性是高贵优雅，还是活力四射，都能通过文案展现出来。用户在选择产品时，也在关注产品是否与自身所追求和向往的调性相符。好文案，能塑造产品的气质，也能为用户的情绪赋能。

比如，某女装品牌的衬衫文案这样写：

学会独处，也是一项才能。

——知性沉稳立领衬衫

在不计其数的衬衫市场中，用户为什么要选择这个品牌的衬衫呢？那是因为，文案给这件衬衫赋予了独立、坚强、淡定的调性。因此，用户选择这个品牌，他们选择的不仅是一件衬衫，更是自己内心对独立、坚强个性的追逐和向往，是自我映照和自我标榜。这就是文案用感情为用户赋能，也是用户甘愿选择某产品的关键。

可见，对卖点的挖掘不必局限于产品本身，好文案总能抽丝剥茧，看到产品以外更能打动用户内心的情感需求点。归结起来就是，你的文案不必写得天花乱坠，只有找准用户最想听的那句话，你的文案才能成功卖货。

多角度玩转文案，让你的卖点立刻升维

每隔一段时间，我们都会被一些让人眼前一亮的文案刷屏，但仔细一看，这些文案似乎并没有明显的共性。它们有的很走心，像朋友一样在关心我们；有的很动人，能让我们一瞬间产生强烈的情绪共鸣；还有的在传递知识，扫清了我们某方面的知识盲区。

其实，我们只要仔细分辨，就能够在这些不同的广告文案中发现一个共同点：对用户有用。因为有用，所以用户才会关注，进而产生购买的冲动。

归根结底，人们选择购买一件产品，其底层逻辑就是某件产品对人们有价值，有益处。这个价值可能是物质层面的，也可能是情绪价值层面的，甚至可能是关联启发方面的价值。但只要某件产品能让用户看到价值，用户就会产生购买的欲望。

1. 创设理想自我

有些人买奢侈品，是希望从中获取对自己高贵身份的认同。其实每个人都有类似的心理，普通人想成为精英阶层，精英阶层想保持优越感，每个人都希望通过某种途径得到或者保持自己的理想身份，这就是人们内心对理想自我的追求。你的产品文案如果能让用户看到购买或使用产品后他们能成为某种想成为的人，能带给他们身份的认同感和优越感，那么用户就更容易选择你的产品。所以，如果你能从创设理想自我的角度出发，创作出满足用户内心需求的文案，你的卖货效果一定会更好。

比如，知乎上的一则文案：

每天三次，每次七分钟。

在中国，资讯类移动应用的人均阅读时长是5分钟，而在知乎日报，这个数字是21分钟。

文案创作的背景是知乎的很多高知用户没有用知乎日报获取信息的习惯，这则文案通过对比手法，站在高知用户的角度，提出5分钟和21分钟的对比，使高知用户感受使用知乎日报的优越感，满足高知用户对理想自我的追求。为达成这种理想自我的状态，这类高知用户就会开始使用知乎日报，这样知乎卖货的目的也就达成了，这就是转换文案视角的力量。

2.寻求内心支持

产品的吸引力不局限于产品本身，还可以蕴含在它代表的生活态度和价值观上。某些时候，用户选择某款产品并不只因为产品本身的功能、用途，还因为产品背后承载的深刻思考和对自己情感的投射。通过购买，寻求内心的某种支持自我的力量，也是很多人消费的原因之一。

你的文案能总结目标用户内心的思想，认同他们，帮他们表态，用户就会感激你的产品，并产生购买行为。

> 如果有件事是必须做的，那就是先爱自己。
>
> ——香奈儿

这条文案为用户提供的就是难能可贵的内心支持，它告诉用户对内在自我给予足够的爱，是人生最基本的责任和要求，强调在追求外在目标之前，先培养对自己内在世界的深沉关爱。用户内心从这则文案中获得支持，而接下来选择购买香奈儿香水，也就是对"爱自己"这件事的践行，是产品与意志的相互呼应。这就是说，换个角度挖卖点，不讲香水，而讲内心支持，为了爱自己，用户会更踊跃地买单。

3.避免损失风险

我们在创作卖货文案时，一般思路是在告诉用户，购买我们的产品将获得什么，有什么好处。无论是讲硬核数据、拼性能，还是讲应用场景、讲故事，我们在挖掘卖点时，思路都是写"有了更好"。为什么不反其道而行之，从"没了很糟糕"的视角切入呢？

人都有趋利避害的心理，如果你的文案告诉用户在一个地方已经失败过一次的经验，那么他们在害怕损失、恐惧风险的心理作用下也会行动起来，希望通过产品趋利避害。

某机构的培训广告文案，就给我们提供了范例，演示了如何从避免损失和风险的角度刺激用户选择产品：

> 已经错过大学，别再错过本科。×××机构，上班族轻松学本科。

该文案不只讲产品能满足用户什么需求，还提出过去用户在满足某方面需求时经历过怎样的失败，换个角度提示用户，虽然过去的需求失败了，现在的需求却可以被满足。其潜台词是，如果不抓紧选择我们的产品，未来可能还会面对失败。

总的来说，好的卖货文案在挖掘产品卖点时一定是多维度、多视角的，善于跳出产品本身，从用户内心的理想自我、第三方情感支持、用户内心的恐惧点等维度探索和打造卖点，进而让产品的卖点升维，不再拘泥于表层优势，推动目标用户的下单消费。

第三章

找选题：
8G 网速冲浪卖货，
流量跟着你跑

三个选题秘诀，让你紧追热点蹭流量

在自媒体时代，传统的硬性广告的带货能力越来越弱，自媒体商家或自媒体人通过在自媒体平台发布软广告，为平台用户分享观点，提供价值，推荐好物。这样的趋势，也让如今的卖货文案越来越接地气，越来越能融入各类自媒体平台用户的日常话题中，越能吸引用户，从而更好地推动销量。

然而，在流量为王的时代，接地气的自媒体卖货文案创作不易。一篇带货能力强的文案，其文字功底不是最主要的影响因素，做好选题才是决定文案成功的关键。选题好坏，直接影响你发布的文案的流量，也将决定你所卖产品的销量。

那么，选题究竟是什么呢？不同于传统硬性广告短小精悍的文案内容，当前自媒体的卖货文案一般以软文、视频日志（Vlog）等形式出现，选题就是这类文章、视频等内容的主题和核心立意，即文案要围绕一个既定主题发表见解和看法，也就是文案的核心观点和中心思想。

以小红书平台的软广告为例，年终时博主会出一些年度爱用好物盘点视频，并在盘点中植入广告，如"2023 年度最值得买的 10 支口红盘点"，这就是选题。围绕这一核心选题，博主输出自己的观点和看法，为平台用户分享和推荐口红产品，这就是围绕选题创作出的卖货文案的落地案例。

既然好选题才有高流量，有流量才能有销量，那么我们该如何做好选题来获得更多流量，引爆文案的卖货能力呢？我们可以将选题的秘诀总结为以下三点。

1. 对多数人有用

如今网络信息纷杂，人们的注意力很难集中，如果你的内容不是对用户特别有用，那么他们是不会花费时间停下来看你的内容的。所以，你的选题一定要对大多数人有用，能提供实用价值，让用户看完能产生获得感，他们才愿意仔细看，进而购买你文案对应的产品。比如：

5 个 AI 写作神奇功能对比，让打工人效率翻倍，教你怎么用！

这个选题紧跟话题度很高的 AI 办公，戳中了打工人想提效、省时的痛点，大多数打工人都会对 AI 办公有一定的好奇心或需求，可以说该选题自带流量。这样的选题中插入 AI 软件或课程软广告，自然能带动销量。

你的文案中有信息增量，能为用户提供新知识，这样用户才愿意相信并购买你的产品。

2. 具有普遍关注度

你的选题如果具有普遍的关注度，让随机浏览的用户都能关注、参与进去，那么就能带动流量，不愁流量之后，无论什么样的带货，卖货销量都会随之上升。

具有普遍关注度的话题可以分为长周期性话题和短周期性话题两类。一般像教育、婚姻、理财、健康等内容，都属于长周期性话题，找合适的角度切入文案，都能赢得较好的关注度。

短周期性话题则主要包括重要节日、年初计划、年终总结、高考、开学季、招聘季等，这类选题与产品卖点相结合，能在短时间内聚集流量，为卖货打下较好的基础。

3. 具有群体共鸣

你的选题要有群体共鸣性，其所包含的情绪或思想，能被人群中的大多数理解和认同，才能引爆流量，提高卖货量。比如：

管不住嘴，迈不开腿，30 岁的我还能减肥吗？

这个选题的标题就道破了很多人在减肥路上共同的困境，很多人都有节食难，不爱运动，又想瘦下来的愿望。抛出这个共同的扎心问题，阅读量无疑会极大地提高。文案先发出抱怨，表达情绪，引起用户的共鸣，再结合减肥产品，进行贴心推荐，帮用户解决问题，并在文案中展示自己应用产品的成功经验，自然能打动用户，从而水到渠成地推动产品的销量。

两大实用方法，十分钟快速搞定卖货选题

很多文案创作者在写卖货文案时都会陷入选题难的困境。面对网络上五花八门的热点选题，查阅海量的资料之后，很多文案创作者都会陷入选择困难境地。到底该做什么样的选题，才能吸引更多流量，让自己的卖货内容被更多人看到呢？

其实，做选题绝不是大海捞针，卖货文案也不用查看海量资料，等灵感上门时才能创作。创作卖货文案是很多人的日常工作，那就需要我们保持高效选题组稿的能力，不能依靠灵光一现的感觉，而要在逻辑的引导下形成实用的方法。下面我们就介绍两种实用方法，使你快速搞定日常卖货选题。

好选题，就要深挖自己

能看透自己，才能知道前路要走的方向。一部分文案创作者在筛选卖货选题时，习惯将目光聚焦在社会新闻、热点话题等内容上，希望借

热点的东风引来流量。这种想法虽然没有错，但耗时较多，且容易分散注意力，让选题变得很散乱。

其实，好选题就藏在我们自己身上。要想快速搞定选题，我们可以先从自己的粉丝受众入手，分析自己过去发布卖货文案的阅读量、分享量、点赞数、话题热度等，通过这些数据深挖自身的潜力，借数据分析用户更喜欢哪些选题，哪些选题后续有更持久的话题度和高分享率，找到以往选题中热度高的优质内容，与新的卖货内容结合，进行选题升级、延展和深化，这样很快就能找到具有流量基础和带货能力的新选题。

下面列举几种深挖自身潜力，适合快速运用在日常卖货文案选题中的方法。

1.系列选题法

如果你是文案新手，系列选题法很适合做成卖货文案的选题，如"挑战测评100种减脂零食""盘点打工人必备的办公室好物"，将要推广的产品融入系列选题中，这样既能省去每天做选题的烦恼，也能用系列选题内容快速地吸引粉丝，促成系列内容中不同卖货文案间的流量共享，是新手做出出圈卖货文案的有效方法。

2.评论区选题法

如今，各大平台的互动属性都很强，无论是淘宝直播间、抖音，还是小红书等平台，在一则卖货广告下，都会有不少网友留言，发表自己的看法。所有高赞、高评论的内容，都可以作为你的新选题，这些都是经过广大网友验证过的选题内容，直接用最快捷。所以，查找一下你过往高流量卖货帖的评论区，你就能找到网友想看什么样的选题内容，了解你的受众群体对什么样的选题更感兴趣。

✏️ 学高手，充分分析别人

爆火的产品和卖货文案都是经过市场检验的，能吸引流量达到高卖货量的文案内容，一定都有其过人之处。在创作卖货文案时，不要怕模仿别人，要深入分析市面上竞品或同类产品的爆款卖货文案，提取其中的亮点，为己所用。

同样是平台促销，当"双 11""年货节""618 购物节"这类以打折和优惠为核心吸引力的噱头已经不能有效打动更多用户的心时，天猫在"618 购物节"付尾款的时间节点上，以"最后一件"为选题，策划了一系列释放人文关怀的文案，给了用户一个低价之外的全新购买理由。

我们总是可以等到下一场大促，

但值得关心的人，

这一次就要关心啊。

…………

这个 618 的最后一件，

给值得关心，但差点儿忘记关心的人。

天猫这次"618 购物节"的破题方式就十分新颖，在全网大促的时间点，在人们更关心优惠的时候，提出一种温情脉脉的理想生活，借此将人们的目光聚焦到社会生活、亲情陪伴上，以此实现带货促销，这种选题既有品牌格调，又有带货实力，可以说是一个很棒的选题角度。

当你的卖货选题卡壳时，完全可以借鉴这类成熟大品牌卖货文案的思路，将其与自己的产品相结合来创作文案。

比如，你要推广的产品是跑步机，借鉴以上选题思路，我们就可以跳出健身、减肥的常规视角，将跑步机和留住青春，跑出更好的自己等观点联系起来，文案选题可以是："我们总可以等到下次再跑，但此刻跑起来，也就早点儿见到更青春洋溢的自己。"这也是将用户的目光从产品本身，聚焦到产品带来的深层附加效果上，对用户的购买动机进行了新的引导。

总而言之，无论是分析自我还是分析别人，最重要的是建立观察、分析、模仿的思维，从细节处总结爆款产品文案能戳中用户的地方，结合自身产品的情况调整选题方向，不断在实战检验中修改和升级自己的文案，这样，你的文案选题和内容才更能赢得用户的心，具备更强的卖货力。

干货分享，能解决问题的文案更好带货

如今，人们越来越依赖网络信息解决问题，如果你的内容能帮用户解决当下的困惑，那么用户就更愿意听从你的成功经验，模仿你的方法，使用你推荐的产品去解决问题。所以，在干货分享中植入产品，只要你的文案能帮目标用户解决眼前的问题，他们就乐意相信你的产品有用，进而下单你的产品。

干货选题是卖货文案策划中经久不衰的方向，虽然不像情感类或者情怀类卖货文案那样能激起用户的共鸣，快速出爆款，但干货分享类文案是每个人都需要的。无论是工作还是生活，人们都需要各种技能去解决问题，干货类选题文案在精准卖货方面的实力不可小觑。

要想你的"干货"分享类文案更具带货实力，我们的选题要遵循两个原则。

1. 干货就要真有用

无论你给出的是方法论还是实用工具，一定要能解决用户的实际问题，不要空谈价值观或谈情感升华，讲"干货"就要"快准狠"，一目了然地解决问题，用户才更信任你，从而选择你推荐的产品。

选题一 打工人下班做顿健康晚餐怎么这么难？

选题二 打工一天想吃健康晚餐？××多功能电饭煲20分钟搞定营养晚餐。

对比上面两个选题，后者答案更明确，更能解决读者的困境，这就是"干货"分享类选题的特点，用实用方法吸引用户，再向他们推荐自己的产品。

2.干货也要有新意

很多问题的答案在各种网络平台已经有很多了，你的干货分享要想吸引人，就要有新角度的解答，否则用户怎么会听你的意见呢？

虽然干货选题角度有限，但我们在提炼知识的时候，可以选择更多新视角，只要用户有获得感，你的选题就是成功的。

选题一 Excel如何批量插入图片？两招保你学会！

选题二 Excel如何批量插入图片？我说的是全部图片自动插入调整大小！

"两招保你学会"这样的文案写法，虽然能让读者有获得感，但不够直观，而选题二中的"全部图片自动插入调整大小"将方法更直接地告诉用户，直观的同时也让人觉得新颖，更有干货。有这样的选题吸引流量，在具体文案内容中植入课程产品或者其他办公软件产品，就会显得更顺理成章，用户会更相信并购买你推荐的产品。

干货分享的文案选题在遵循以上两个创作原则的基础上，如何才能更多地体现干货感，完成带货使命呢？我们可以按照以下步骤完善选题。

1.标题充满干货感

标题是干货类卖货文案的门面，能否吸引用户点开你的文案内容，关键看标题的好坏。创作干货类选题标题，可以按照最基础的公式：目标用户的困扰 + 干货解决方法。比如：

度假不想带太多口红？3 支口红心机叠搭给你百变假日感！

这样的标题既提出了问题，又有解决方法，就会让人感觉干货满满，想点进去看看文案是如何解决问题的。要想更轻松地实现带货，我们在创作干货类文案标题时，就要把具体解决方案、利益点等关键词都写进标题，如此才更能吸引用户阅读并下单。

2.结构逻辑要清晰

干货类选题文案一定要逻辑清晰，切忌长篇大论，要用简单的标题、副标题、关键词、重点句子解答明白问题，让用户快速获得信息，降低阅读的门槛，获得提升信息的效率，这样用户才能看到底，接收到你想传达的产品信息，勾起用户对产品的购买欲，最终促成购买行为。

3.善用图表做总结

今天的文案已不仅局限于华丽、优美的广告语言，能促成消费的任何文字表达形式，都是文案的一部分，都需要文案创作者掌握。

干货类选题下的卖货文案，要想让用户迅速接收你传达的信息，有耐心看完文案内容，你可以用数据、图表等方式呈现你的文案。将你的干货内容总结成更简洁的数据、图表形式，既能体现你自身的专业水平，让干货内容看起来更可信，也能减少用户因为缺乏阅读耐心而中途退出文案的情况。你的文案信息只有秒入用户的大脑，他们才能第一时间产生购买的冲动。

对新手而言，干货分享类选题很适合在卖货初期或找不到合适选题的时候采用。干货分享类文案的逻辑更清晰，也有比较成熟的模式可以参考。只要遵循以上的文案创作的原则和方法，就不难写好干货类卖货文案。

心灵慰藉，有情感共鸣的文案更吸引消费

综观卖货效果好的文案，我们会发现一个现象，很多爆款文案之所以能赢得用户的青睐，并不是因为他们对产品的包装多用心，而是因为他们给用户提供了良好的情绪价值。就像这样一句话说的那样："用户买的不是产品，而是感觉。"

随着社会的高速发展，人们的生活空间受到多方面的挤压，很多人的心态、情感、情绪都受周围环境的影响。当人们的负面情绪积累到一定程度时，就需要慰藉、引导、消化，这也是当前很多卖货文案在选题方面都倾向于以情动人的原因。文案借助心灵慰藉和情感共鸣来拉近产品与用户的心灵距离，促使用户在情绪的引导下购买产品。

董宇辉直播间爆火的卖玉米，就是情感共鸣类文案选题下的操作典范。虽然他卖的是玉米，先讲的却是很多人的童年经历。

回忆起那些无忧无虑，背着书包回到家里头，着急忙慌地把书包放

在凳子上，一溜烟跑到巷子里，跑了一整个下午。

这段文案描述的是小时候我们的无忧无虑，因为那时候我们不懂人间事，不想那么多，也没那么多烦恼。但是后来，当我们懂得越多的时候，简单的快乐就越稀少，这不是少数人才有的情感体验，而是每个成人的内心深处都可能会有的情感共鸣。

接下来，他开始将童年和玉米产品具体地联系起来，为用户描述了一个有人情味和依依不舍感的画面：

你玩了一整晚回来，有时候妈妈看你玩得太累了，把你喊回来。锅里煮出了自己家地里摘出来的玉米……你边跑边追，嘴里头那口玉米淡淡的回甘味，扑鼻的香……

董宇辉这段卖玉米的文案非常有洞察力，虽然没有句句讲玉米，但通过慰藉心灵的语言，把我们拉回曾经啃玉米的美好时光。董宇辉将这种寻常又带有一丝惋惜的情感包裹进儿时家里煮得喷香的玉米这样具象化的回忆中，用自己和用户相似的情感经历，引起用户情感上的共鸣，最后落在售卖的玉米上，是非常优秀的卖货文案。

所以，我们在卖货时也可以跳出产品所在行业内卷的赛道，积极探索情感共鸣和情绪价值对用户的吸引力，将情感共鸣作为关键选题，在互联网上捕捉广泛的目标用户最具代表性的情感和情绪。

要知道，虽然产品种类数不胜数，其特点也各不相同，人的情感和感受却是相通的。一件产品或许并不是用户的刚需，这件产品能提供的情绪价值却可以被塑造成用户的刚需。就像董宇辉卖玉米的文案，玉米不是用户非买不可的产品，吃不吃玉米，吃谁家的玉米，对用户来说并不会产生实质性的影响，但儿时的回忆、简单的快乐、妈妈煮的玉米的味道等蕴含的情感是相当一部分用户的刚需，选题落在这部分人的情感共鸣处，就给他们提供了一个非买不可的理由。

在创作卖货文案时，我们该如何把握情感共鸣类选题，轻松地俘获人心，让产品走进用户的心里呢？

事件 ≠ 选题，选题要走心

很多人在创作文案时会将事件和选题相混淆，这样写出来的文案是很难带货的。我们要明确一点，事件只能传递信息，选题才能传递情绪。

比如，"我遇到一只流浪猫"是事件，"我遇到一个流浪的灵魂"则是选题；"爸爸给我买橘子"是事件，"买橘子的路上，第一次注意爸爸才过我的肩"则是选题。

选题是在事件的基础上提取事件中传递的情绪，并在这个基础上提炼升华主题。事件不具有普遍性，它是特定情境下偶然发生的，路人甲不会对路人乙遇到的普通事件感兴趣。但选题不同，选题中是包含有情绪价值的。就像上面"爸爸给我买橘子"的例子，买橘子这件事我们可能没经历过，但生活中总有那么一个瞬间，我们像写下这句话的人一样，忽然发现自己已经长大，爸爸开始苍老，但爸爸对自己的爱护和照顾从未改变。这种有共鸣的情感，就是我们选题的核心，也是卖货文案最终促成用户下单的关键力量。

所以，文案里的事件只是事件，你要把事件与情感相结合，让用户感受到你文案内容的走心，才能变成选题。这样有情感共鸣的选题，才能给用户非买不可的理由。

挖掘产品与用户的情感共鸣

文案选题与用户有情感共鸣后，也不能忽视产品与用户的情感共鸣。如果只有文案中描述的事件与用户产生情感共鸣，而产品的功能与选题割裂，则无法真正让产品走进用户的内心。所以，在进行情感共鸣类文案选题的创作时，产品功能和选题一定要相辅相成地解决用户内心的困惑或情感需求。

比如，在百雀羚的《一九三一》广告中，用民族特色鲜明的谍战片一样的构思，通过一镜到底的长图构景，为观众讲述了一个美艳冷血杀手的故事，从头到尾并无广告痕迹，让人仿佛欣赏了一段有趣的故事短片，引人入胜，但在结尾处出现了一句反转文案："我的任务就是与时间作对。"这句文案不但将百雀羚母亲节抗衰礼盒的卖点表达得十分清楚，而且让爱美女性受众都能感受到百雀羚这个民族护肤品牌愿意陪伴自己，一起与时间作对。文案中隐藏的鼓励和决心，为用户提供了良好的情绪价值，同时也达到了产品特点、母亲节选题内容、用户情绪共鸣三线合一的效果。这种产品、品牌和用户之间的共鸣点，是对文案的带货能力的加持。

产品 + 人群 + 场景 + 痛点

有的文案创作者可能会问，情感共鸣是抽象的，选题则需要具体内容做支撑，如何将抽象的情感呈现为具体的选题，带动卖货呢？只要用"产品 + 人群 + 场景 + 痛点"这个公式去罗列选题，你就能找出你想要的打动人心的卖货好选题。

　　以服装、鞋包行业为例，按照以上公式，我们可以提炼出"带娃出街好看又能装的包"这样的选题。我们还可以结合一些更细节的戳心点，把选题升级为："当妈也要美美哒！夏季带娃出街好看又能装的 3 款包。"既为追求爱美之心的宝妈提供了情绪价值，也体现了产品能装、好看的特点，使产品、需求、情感共鸣达到了和谐统一，又怎么能不吸引目标用户呢？

　　按照这个思路，以用户心理和情感为切入点做选题，找到产品与用户情感的联结，你的文案就能掌握卖货的主动权，让用户对产品动心。

创意新鲜，"好奇心"勾出的冲动消费

好奇心是人类的天性。要想留住你的用户，那就先勾起他们的好奇心，让他们跟着你的节奏走。现在很多卖货文案也确实是按照这个思路创作的，先用文字给用户制造"是什么"的悬念，激发他们的好奇心，接着给用户制造"为什么"的疑问，留住他们的好奇心，延长用户关注和停留的时间。一旦钩住用户的好奇心，你就有更多机会让他们深入地了解你的产品，这样你的卖货量自然就会提高。

很多文案创作者在构思卖货文案时，都惯常地将引起用户的"好奇心"的重任放在文案标题上，却容易忽略有创意、新鲜的选题在吸引用户冲动消费方面的重要作用。想要卖货量高，或者打造有市场记忆点的品牌，在做选题时就要开始注意挖掘创意，因为只有选题足够有创意，才能让你的文案流量翻倍。

那么，如何策划出刺激用户冲动消费的创意选题呢？要想选题内容新鲜，下面这三条创意文案选题思路值得参考。

1. 选题要有话题度

流量为王的时代，话题度代表了关注度，关注度越高，你的产品销量就越高。在自媒体平台卖货时，你的文案选题如果能激起用户讨论的热情，那就会赢得更多销售机会。所以，我们在创作文案时，在选题阶段就要另辟蹊径，选择一些值得讨论的话题，借讨论发酵话题，使产品迎来一波又一波的热度和销量。

你的吹风机还只用来吹头发？大学生已经开始用吹风机在寝室做饭了！

大学寝室限制使用电器，是很多在校大学生的痛点，因此上述文案另辟蹊径，将吹风机和寝室做饭这件事联系起来，由于是从未想过的角度，文案瞬间就激起了用户的好奇心。想必看到这样的文案时，大多数人都会抱着一种"我倒要看看吹风机咋做饭"的心态点进去，深度阅读内容后，甚至会怀着好奇心买个同款吹风机，试试自己是否也能用吹风机在寝室加热鸡蛋、烤肠和烤肉，并在社交平台和更多人分享自己新奇的经历。如此，一个新奇选题就成就了高卖货量。也就是说，因为你的创意为用户提供了更多谈资，所以他们更乐意购买你推荐的产品。

2. 选题要会替用户表达

很多人创作卖货文案时都会陷入"王婆卖瓜，自卖自夸"的思维模式，习惯将自己放在主导地位去阐述产品的优势。其实，很多时候用户并不关心你说了什么。你说的内容如果是用户的心声，能帮用户将心底所想总结成清晰的观点和语言，让他们感慨你"说得太对了""我就是这么想的"，那么你就会赢得用户的心。所以，好的文案选题要会帮用户表达心声。

珀莱雅品牌就曾在国际妇女节的时间点发布了一系列为女性发声的文案：

如果洗衣机没有性别，

为什么在家里使用洗衣机的总是女性？

…………

性别不是边界线，偏见才是。

通常，女性护肤品会以变美、青春、时尚、健康等为选题做推广，此次珀莱雅却聚焦"性别偏见"的选题，在文案中列举了很多我们生活中十分常见的刻板印象，提出女性可以制止性别偏见，女性不该被性别偏见和刻板印象束缚，而应该活出自我。

女性群体是珀莱雅最主要的用户，珀莱雅品牌抛出"性别偏见"这个选题，替女性群体发声，既能吸引广泛的社会关注与讨论，提升品牌形象，又能借势推荐自己的产品，可谓一举两得。这样表达女性力量的选题，很受女性用户的认同和支持，她们会积极地转发、分享和讨论，对品牌和产品的好感度也会提升，自然会心甘情愿地下单该品牌的产品。

3.好选题能为用户提供帮助

前面我们讲过，卖货文案可以讲干货，但要对用户有用，才能水到渠成地带动产品的销量。那么，为什么要强调好选题要能为用户提供帮助呢？因为如果选题和卖货巧妙地结合，能以有创意的角度为用户提供帮助，让用户发现生活中自己的某个困惑，居然能被某个产品以意想不到的角度来解决，那他们必然乐意购买你的产品。

比如，关于手机推广文案的选题，用户已经看过太多那些讲手机丰富性能、拍照堪比专业相机的文案，那么我们的文案还可以从什么样的角度为用户提供帮助呢？不妨从手机与家人的情感联结的角度为用户提供帮助：

退休后妈妈很失落？

一部新手机拍出妈妈的滚烫生活，

给妈妈重新出发的惊喜，

告诉她，每个阶段都是独一无二好时光。

老人突然退休的失落和消极情绪，很多儿女看在眼里却不知如何帮忙消解，将手机和关心妈妈的退休生活联系在一起，既能帮用户解决问题，又有新鲜感和话题度。探索新视角，将弱关联的两件事联系在一起，从全新视角帮用户解决问题，很可能会收获意想不到的带货效果。

总而言之，有创意的文案选题，在勾起用户好奇心和消费冲动的同时，还可能引起后续话题的讨论和关注。我们在推送一个选题后，可以长期观察和总结用户的反馈信息，检验自己的创意是否有效，在不断摸索和调试中尝试更多新鲜的创意。只要用户一直对你的文案保持好奇心，他们就会被你的产品吸引。

抓热点，有噱头的文案会借势起飞

　　抓新闻热点的这类选题，在策划文案时一般可以按两个思路进行：一是将自己要推广的产品包装成新闻，为产品引流，吸引用户购买；二是借当前热点新闻之势，将热点新闻与自身产品、选题内容相结合，用新闻噱头吸引用户，进而让用户关注你带货的产品，产生好奇、认同、追捧等心理，提高你的带货销量。

　　下面，我们就具体谈一谈如何操作新闻热点类选题。

将产品本身包装成新闻

　　在"互联网+"时代，随着自媒体的全面崛起，新闻的发布不再依赖传统媒体平台，而是变得更灵活、简单，品牌推出一件新产品时就可以举办一场新品发布会，并成为新闻，很多产品在策划文案选题时也是按这个思路进行的。将产品发布新闻化，会给用户一种更权威、更高调的感觉，这样用户也乐意关注产品的新闻，从而获取行业前沿资讯。

比如，OPPO A3 Pro 手机的官方宣传，其文案就主打"超防水，超抗摔，超耐用"，号称是史上首个"满级防水"手机，配备了 IP69 防尘、防水。

这些关于这款手机领先性能的内容，就是将产品包装成新闻热点的范例。用户看新品发布新闻后，出于对比同类产品、了解手机领域功能升级情况等目的，都会更关注此产品。将产品本身作为新闻热点，能提升用户对产品的期待和印象，进而促成购买行为。

需要注意的是，因为今天自媒体平台发布新闻的成本逐渐降低，为了保护新闻公信力和产品形象及口碑，创作这类新闻选题的文案时，一定要遵循真实、严谨和简练、精准的原则。没有经过市场调查和真实性验证的信息不要说，过于口语化和啰唆、不规范的语言不要用。要最大限度地体现自身的专业性，才更能说服用户，提升目标用户的购买欲。

蹭新闻热点博关注

蹭新闻热点也是卖货文案选题很常见且有效的类型。热点新闻自带流量，所谓"好风凭借力，送我上青云"，站在热点新闻这个"巨人的肩膀"上，你的卖货文案能自带热度，从而吸引用户的眼球。

蹭新闻热点做选题创作文案，要学会使用下面这三个技巧。

1.巧妙地植入噱头

所谓噱头，就是选题文案吸引用户眼球的关键点，是要让用户一眼就能驻足继续观看的卖点。在蹭新闻热度的选题中植入噱头，一定要遵循适度的原则，要基于事实搞噱头。比如：

> **原选题** 陕西最值得买的十大街头小吃盘点。
>
> **修改后** 不追天水麻辣烫，陕西人有自己的街头小吃顶流。

天水麻辣烫和淄博烧烤一样，是近两年的"流量王"，自带话题热度，因此上面的两个选题都属于陕西小吃推广类，但修改后带上"天水麻辣烫"，就自带流量。

2. 新闻热点与产品适配

在蹭新闻热点时，一定要确保推广的产品和新闻热点的适配性，要筛选和产品品牌、产品调性相匹配的新闻热点来制造噱头，这样才能更好地增加用户对产品的关注，让新闻热点发挥推动产品销量的作用。

像上面"天水麻辣烫"这一新闻热点和陕西小吃推广的适配度就比较高，能实现新闻带动流量，从而推动销量的作用。但是，如果你要推广的产品是电子类产品，和"天水麻辣烫"这个热点就很难匹配，那就不能硬蹭热点做选题，否则可能适得其反。

3. 选择合适的发布渠道

热点新闻类选题文案发布平台的选择也有讲究，如公众号、短视频平台等发布渠道有用户基础广泛、二次传播率更高的优势，文案内容更易于被用户看到、接受和传播。而新浪、网易、腾讯等相对传统的门户网站发布渠道，则代表相对权威的意见，通过平台热词搜索排名等方式，如果文案选题排名靠前，就更容易获得用户的信任。

在新闻热点选题文案发布渠道的选择上，我们要综合考虑产品的特点，以及目标用户的阅读习惯等因素，才能实现更好的文案带货效果。

第四章

文案吸引力：
要想爆单，
文案必须"吸睛"

"吸睛"标题，让你的产品销量翻倍

在这个"碎片化"时代，用户已经没有耐心和时间阅读大篇幅的内容，面对提不起兴趣的内容，用户 2 秒钟刷走，5 秒钟退出阅读，已经是司空见惯的情况。在这样的时代背景下，你的卖货文案要从标题开始就狠狠地抓住用户的眼球，让他们点开标题，就欲罢不能地想了解你的文案详情，这样你才有机会把产品推给用户。

那么，如何借标题吸睛，让用户驻足观看，从而引爆商品的销量呢？我们总结了一些经得起市场考验的取标题的有效方法。

1. 用数字吸引眼球

数字对用户的吸引力有多大？我们来举个例子。

> 标题一 清仓甩卖，全部衣服骨折价！
> 标题二 清仓甩卖，全场服装 19.9 元！

如果你是用户，你更容易被哪个标题吸引呢？想必大多数人会选择第二个标题。数字不但能吸睛，还能强化细节，增加文案的信息含量。所以，巧用数字能让你的标题立刻吸睛。

在文案中使用数字，通常有以下 4 点技巧。

（1）使用阿拉伯数字比汉字数字更吸睛。

（2）大事件、大人物要用大数字，数字要与宣传内容匹配。比如，标题"一年卖出 6000 万件的防晒霜到底好在哪儿"，加入销量、参与人数、具体金额等数字，都能吸引用户。

（3）与用户切身利益相关的内容要用小数字，避免给用户带来心理压力。比如，标题"4 招教你搞定约会妆容"，这样小体量数字能传递给用户一种轻松获得方法的感觉。

（4）标题里的数字不要过多，1~2 个为宜，超过 3 个就会给人眼花缭乱、重点缺失的感觉，反而起不到吸引用户的作用。

标题中的数字不但能吸睛，还能让你的文案看起来可信度更高。你标题里的数字和产品卖点越相关，越能吸引用户读你的文案内容，卖货就越轻松。

2."点名"用户标签

前面我们在讲用户画像时提过，你的文案要让用户觉得自己"被点名"了，这样用户就会乐意听从你的建议和推荐。所以，你卖货文案的标题可以直接点名自己的用户标签，让他们产生文案就是在一对一对话的感觉，这样才能引流和提升销量。

比如："20~25 岁女生早春元气穿搭""35 岁爱熬夜人群必吃保健品清单"，这类借标签点名用户的标题，能立刻吸引你的用户观看。

3.标题要会提问

疑问句是吸引人注意和刺激人思考的有效方法，一旦你的标题能让用户停下来思考，那么你的产品就更能引起用户的兴趣，吸引他们购买。

卖货文案的标题可以结合产品的卖点，设置疑问句，引导用户在疑问中关注你的产品。比如："阴天需要涂防晒霜吗？""护肤一辈子，你护理过头皮吗？"这样提问，会让用户产生思考，而这种能戳中用户的知识盲区和敏感关注点的标题，必然更能吸睛。

4.颠覆常识

意料之外或颠覆常识的标题，也能吸引用户，尤其是你颠覆的常识刚好戳中用户的痛点时，用户一定会想一探究竟，这样你的文案自然能吸引流量，提高产品的销量。

比如："不靠节食，我每天吃到饱，一个月瘦10斤，靠的是这个！"这个标题颠覆了减肥就要少吃的常识，戳中减肥人士减肥期间怕挨饿的痛点，还用10斤这样的具体数字吸睛，像这种由多种技巧加持的标题，用户自然忍不住好奇心点击，耐心看究竟是什么方法能达到标题说的效果，你的卖货目的也就更容易达成。

5.扩大恐惧情绪

用户经常会因为恐惧情绪而下单，害怕生病痛苦的人更乐意买保健品，害怕肥胖的人更乐意购买低糖、低脂的健康食品。你的标题如果能利用好用户内心的恐惧情绪，扩大用户对没能获得产品带来的不良后果的恐惧，就能让他们点击阅读，并快速下单。

比如，"选错祛痘方法，痘坑修复我花了5万，祛痘产品真不能乱用"这个标题，就是利用标题触发用户的恐惧情绪，在软文中讲述错误祛痘方法的危害，再推广自家祛痘产品的科学性和优势。被这个"惊悚"标题吸引进来阅读的用户，自然更容易听劝和下单。

6.权威效应

很多时候用户是盲目的，在选择产品时会跟风，具有社会公信力或者有名望的人所选择的产品，会更受用户青睐。所以，在标题中加入一些名人热点词、专家建议、权威观点等，强调这些人在使用产品，也能让标题更吸引人，推动产品的销量。

比如，"20 年从业经验家庭育儿师推荐好书"这类标题就是借助权威和名人口碑力量吸引用户点击标题，获得流量，实现卖货的。

总的来说，好标题决定了一篇卖货文案的阅读量，如果你的卖货文案总是销量平平，不妨试试以上 6 种小技巧，每次创作文案后多取几个标题，问问周围人阅读之后的感受，从中选择更吸睛的标题，提升你文案的卖货能力。

用好"4U 法则"，一句话抓住用户的心

"4U 法则"是由美国文案大师罗伯特·布莱创立的一种文案写作公式，在国外电商文案写作中应用十分广泛。所谓"4U 法则"，即 Useful（有用的）、Urgent（紧迫感）、Unique（特殊性）、Ultra-Specific（明确性）。展开来说，就是强调一则卖货文案要让用户感受到产品对自身有用，可以从中获利；要在文案中加入时间元素，给用户营造消费的紧迫感，让他们觉得如果现在不买，就会错过机会，进而实现引导用户快速下单的目标；文案还要有特殊性，不能千篇一律，要用新鲜感激发用户的好奇心；最后，要在文案中准确地传达商品的信息，让用户通过这些信息能判断是否购买该产品。

"4U 法则"适用于整个卖货文案创作的过程，但如果你的文案在标题这一步就能贯彻"4U 法则"，用一句话标题抓住用户的心，那么你的整体文案不但吸睛，还能带来翻倍的销量。下面让我们看看"4U 法则"在卖货文案标题创作中的应用。

1. Useful：标题要有实用性

无论是线上的电商还是线下实体商场中的卖货文案，其写作目的都比较清晰，那就是服务于产品推销，具有很强的功利性。所以，在创作文案时，我们要让标题传递给用户更多的实用感，而非艺术美感。也就是说，标题越能给用户带来实际的益处，就越能激发他们的购买欲。比如，电饭煲卖货文案标题：

原标题 ××电饭煲，12种煮饭模式，丰富烹饪美学。

修改后 ××电饭煲，12种煮饭模式，让你回家5分钟吃上晚饭。

原标题中虽然也强调了12种煮饭模式这一功能特色，但多功能给烹饪带来的丰富美好体验，对用户来说受益不多，即没有实用性的卖点，很难吸引用户。而修改后提出的"让你回家5分钟吃上晚饭"明显能给用户带来好处，吸引力也更大，这样有回家快速吃上饭需求的用户，就会关注或购买这款电饭煲。

2. Urgent：标题要有紧迫感

卖货文案中的紧迫感能刺激用户快速购买，促成冲动消费行为。像各大平台购物节促销时，经常在商品旁边加上优惠截止倒计时、付定金倒计时等方法，就是利用用户的紧迫感和焦虑情绪来促成下单的。

卖货文案标题中的紧迫感可以来自销售时限、产品的稀缺性、人有我无的比较心理等。

比如，"年货节倒计时3小时，错过再等一年""中心城区最后一块临水绿地，××楼盘绝版开售""都2024年还没开始用×××，你家孩子就要被甩下去了"，这些卖货文案标题都在给用户制造紧迫感，怕自己不能占到便宜，怕抢不到稀缺资源，怕落后他人这些心理，都在推动用户主动去了解你的产品，能很好地刺激用户主动关注，主动消费。

3. Unique：标题要有特殊性

所谓标题的特殊性，可以是你的卖货文案标题本身有创意，有噱头，也可以是你挖掘的产品卖点有特殊性。总之，卖货文案标题中强调特殊性，就是为了不落俗套，引起用户的关注。关注一件产品，是购买的序章，你的文案只有先抓住更多用户的目光，才能让他们产生购买的冲动。

4. Ultra-Specific：标题要言之有物且一目了然

好的卖货文案标题一定能传递给用户准确的信息，你文案的每个字都在占用用户的时间，3秒之内，你的标题提供的有用信息越多，越能让用户准确无误地明白你想卖什么，就越能打动他们的心。好的文案标题就是不要让用户思考太多，一旦他们感到费脑子，购买产品的积极性就会大打折扣，因为购物平台优惠活动太烦琐而放弃下单，反映的就是这个道理。通常，会卖货的人，说话的逻辑一定是简洁、清晰的。比如：

游乐园套票210元/人，2人拼团可享7折优惠！

这样的标题就不够直接和一目了然，需要用户有思考和计算的过程，因此它算不上好标题。如果遵循"4U法则"，我们可以换一种写法：

游乐园通票，单人210元玩转整场，双人拼团7折，立省126元！

把套票改成通票，再明确写出双人可省多少钱，不但消除了用户对套票概念的模糊理解，让用户的消费心理更踏实，也明确了两人购买具体能省多少钱。这样简洁明了的标题，更具吸引力，也能带来更高的用户转化率。

总的来说，不浪费任何抓住用户的心的机会，用好文案"4U 法则"，精益求精地设计好你的文案标题，才能让你文案的卖货能力翻倍。

短句的震撼力，
两个技巧让人记住你的产品

好的卖货文案往往不需要华丽的辞藻，能言简意赅地讲出关键点的文案，才能用最快的速度抓住用户的心。浮夸的语言不但不能给用户留下深刻的印象，反而会因为文案太浮夸，拉开用户和产品的距离。相反，能用简短的文字触动用户，触发他们的消费诉求，文案才能真正发挥卖货的作用。

打开各大电商平台、短视频平台，我们可以发现，无论是淘宝文案、抖音文案，还是自媒体文案，都开始舍弃长篇大论的文字美学，越来越趋向于短小精悍的文字。这是因为短句的力量更能直抵人心，你的文案越是用词精准，内容越实在，就越能激起用户的购买欲。

下面这些经典产品文案，都是用短句让人记住产品：

不是所有的牛奶都叫特仑苏。

（简洁地强调特仑苏品牌的独特性，文字的力量感强。）

滴滴一下，美好出行。

（滴滴出行简短、有力的文案既有温馨情感，又突出了产品服务便捷的卖点，给予用户出行生活更多期待。）

这些经典短文案都在用自身带货实力诠释短文案的好处，也给我们创作卖货文案提供了一个清晰的思路：更短更有力，更短更好记，更短更好卖。

那么，我们该如何创作短文案，才能让用户清晰地记住你的产品，并产生购买冲动呢？下面两个技巧也许对广大文案创作者有所帮助。

1.找准关键词，明确目标用户

短文案的关键就是重点突出，直抵人心。不用期待没有购买需求的人去买你的产品，但只要用户有这方面消费的需求，就一定会选择你的产品，短文案需要做的就是——用精准的关键词，击中目标用户，让他们快速地下单。

"满足需求＋强调品牌名称"，这样一个简洁好用的文案公式，就能搞定短文案，让你写出直击人心又有记忆点的短句文案，从而抓住用户的心。

下面列举几个我们耳熟能详的品牌，看看它们的一句话短文案是如何遵循这个公式的。

怕上火，喝王老吉。

——王老吉凉茶

有问题，就有答案。

——知乎

这些文案都抓住了目标用户的关键需求，用一个需求关键词，将产品使用场景和品牌进行深度绑定，既脍炙人口，又让卖点深入人心，用户一旦有这方面的需求时，自然会首选这样记忆深刻的产品，你的高卖货量的任务更易达成。

2.信息集中，控干水分

你的卖货文案要想深入人心，信息就不能太杂，也就是说，将过多信息一次性地输送给用户，如果用户不能一下子记住你想传递的文案信息，那么你的文案就是无效的，得到的结果只能是被用户遗忘。所以，卖货文案一定要精简，精简，再精简，要短促有力，让用户接收到你想传达的信息并记住它，这样才能提高卖货量。

原文案 挑战配音行业零基础班，一周只要5000元就能达到就业水平。不要万元学费，也能开拓配音职业新道路！

修改后 配音0基础班，7天5000学费，速达万元班就业水平！

上面这两个文案的对比就很明显，修改后的文案更简短精悍，能让用户一眼看到关键词，排版也更简洁美观。

总的来说，啰唆的文案让人没耐心阅读并发现你的产品有多好。用户的时间宝贵，想卖货就要学会文案控水。也就是说，要精简你的文字，保留关键词，删掉重复性词语，将长句改为短句。你的文案用越短的时间抓住目标用户的心，就能越快让用户下单。

八种让人眼前一亮的方法，
写出卖货文案金句

你是否觉得文案应该高大上？你是否觉得文字越是有腔调，产品渲染越繁复，你的文案工作就没白做，毕竟用词刁钻，篇幅够长，也能证明你工作够努力。如果你还在这样想，那你就大错特错了。好文案不是要杂技，不是"阳春白雪"的文学和艺术。好文案是广而告之，让大家听懂你的话。要想文案能卖货，要先放下架子，让你的文案简单易懂，能让用户即刻理解和记住。

那么，该如何写卖货文案，才能金句频出，让用户都听得懂，记得住呢？下面总结了八个能让用户眼前一亮的文案创作技巧，掌握这些，你文案的吸引力一定能迅速提升。

1.讲大白话，不绕口

文案不是诗歌创作，切忌晦涩难懂，有吸引力的文案一定是老少咸宜，简单好懂的。

文案1 ××面膜，呵护肌肤水活力，净润清透有光感。

文案2 ××面膜，睡前用一张，醒后皮肤水嫩嫩，细腻紧致不起皮。

上面这两条文案，明显第二条更简单易懂，用户一听就能明白其功效，这样的文案就能促使用户下单。放下架子，讲不拗口的大白话，你的文案就更能带货。

2. 会利用人的惰性

今天，人们都追求方便、快捷的生活，从某种意义上说，懒人的需求推动了社会的发展。你的文案能满足用户想偷懒的心理，他们就更愿意选你的产品。文案公式可总结为：更短时间 + 惊人效果。

文案3 4次课，教会你写文案，让你工资翻倍。

文案4 ××粉底液，让你3秒涂出伪素颜，出门炸街美翻天！

上面的文案，就是利用人们的惰性，抓住用户急于求成的心理，告诉他们将获得的效果，他们自然希望走捷径，从而争先恐后地下单。但利用以上公式时要记住，你要在尊重事实的基础上包装你的产品，避免夸大其词，否则可能适得其反。

3. 利用人的贪利心理

很多直播带货文案很火，能吸引大批用户购买，就是因为善于利用人的贪利心理。比如，在直播文案中告诉用户："限量100台，仅需198元，可享市面上798元同等品质美容仪。"同等质量，你的价格更低，用户自然选你的产品，这就是贪利心理，值得我们在文案创作中灵活运用。

4. 让用户有即时获得感

满足用户的贪利心理后，还要让他们有紧迫感和即时获得感，才能促使他们更快地下定决心购买你的产品。

| 文案5 | 今日下单，享7折优惠。 |
| 文案6 | 今日下单，立刻返现30%。 |

上面这两条文案就诠释了在文案中体现即时获得感的重要性。虽然表达的是一样的优惠，但第二条就让人更有获得感，文案的逻辑从你可以只花70%的钱购买，变成我要给你30%的返现，这样用户的获得感瞬间具象化了。

5. 文案多用动词

动词能让你的文案生动鲜活，更具画面感的同时，也增添了趣味性和记忆点。

| 文案7 | 1分钟，清理毛孔里的垃圾！ |
| 文案8 | 1分钟，把你毛孔里的脏东西都震出来！ |

两相对比，你有没有觉得第二条文案的写法让人眼前一亮，一下子就有美容仪清理毛孔的画面感呢？"震"这个动词让美容仪的功能更具象，也更具吸引力，更能促成用户的消费行为。

6. 把形容词换成数字

大家可能会有疑问，形容词怎么换成数字呢？好像这两者之间完全没有关系。

形容词更虚化且更感性，而数字更明确。相比形容词，大多数人对数字更敏感。如果你能用数字描述产品，自然更容易抓住用户的眼球。把形容词换成数字其实很简单，关键就是在具体化的描述中加入适当的夸张。

文案9 包子个大馅料足。

文案10 100 克包子，80 克馅儿。

像文案 10 这样，用数字将形容词描述的内容具体化，写出来的文案就更显实诚，更容易吸引用户的眼球。

7. 重要的事情说三遍

关键词复现也是卖货文案很重要的一种创作方法，重复行为可以让用户记住你的产品。在文案中反复使用一个词语或者句式，可以起到增强语气的作用，在引起用户关注的同时，也能强化他们的购买意识。

比如，多年前恒源祥羊绒衫的广告，就利用了这种文案创作方式：

恒源祥，羊羊羊！

恒源祥，鼠鼠鼠！

恒源祥，牛牛牛！

品牌名多次复现，加强了用户的记忆，让恒源祥的广告深入人心。

8. 巧妙转换表达方式

配合不同产品，卖货文案在语言风格上要有不同的调性，符合产品基调的文案，才更容易卖货成功。所以，你的文案也要进行多元化表达。

比如，同样是表达爱意，有文艺气质的产品，如茶、书之类的，可以写成："天青色等烟雨，而我在等你。×××，为爱你而生的贴心好物。"生活化一些的产品，如厨具之类，则可表达为："当我问：'你吃饭了吗？'想说的其实是：'我好想你！'"也就是说，都是表达爱这个主题，转换表达方式之后，文案和产品更契合，卖货效果也就更好。

总而言之，文案无定式，但要记住，"大道至简"，好的卖货文案一定不复杂，能让用户快速理解并记住。尝试用这八种方法调整你的文案，你的卖货文案的吸引力一定会飙升。

三种开头方式，一秒吸引用户眼球

俗话说得好，好的开端是成功的一半，这句话同样适用卖货文案的创作。一篇优秀的卖货文案，往往在第一秒钟就能吸引用户的眼球，使他们愿意继续阅读你的文案，如此，才有机会触发用户的购物欲。所以，除了标题之外，一个吸睛的开头，也是卖货文案的必备要素。

那么，什么样的文案开头更能吸引用户呢？设悬念、创情境、抓心理这三种开头方式，在卖货文案创作实战中都十分实用，能帮文案新手迅速搞定一篇能吸引用户阅读的卖货文案。

巧妙设置悬念，用户好奇产品，你就成功了一半

好奇心和探索欲是人们关注一件产品的关键因素之一，只要你的文案能勾起用户的好奇心，让他们思考和探索你的产品，让他们的思路跟着你文案的节奏走，就更容易使用户产生购买欲。

所以，悬念式开头是卖货文案屡试不爽的吸睛方式。用问句开头，

第一时间引导用户思考"为什么"，这样他们就会顺着你的文案开始纠结自己要不要买来试一试。比如，卖口红的文案这样写：

奶茶色系的口红这么多，为什么×××牌一支难求，上架就被抢空？

文案的开头虽没有过多地描述产品，但已经点出了关键点"奶茶色系""上架疯抢"，用户一看到这句话就会在内心产生疑问：为什么这个口红卖得这么火？它和我以前买过的奶茶色系口红有什么区别？我是否也需要一支这样的口红？一旦这些问题在用户脑海里盘旋，就意味着用户开始对产品好奇和感兴趣，会往下看你文案中对产品的描述，你也就获得了更多说服用户购买产品的机会。这就是一个有悬念的文案开头，对用户的购物欲起到的促进作用。

需要注意的是，卖货文案开头设置悬念，一定要遵循三大原则：第一，抓要点，文案要抓产品最关键的信息；第二，文案开头的语言要尽量简洁，不要一下子抛给用户太复杂的问题，注意循循善诱地激发用户探索和思考；第三，文案开头的疑问最好单独成段，不要和其他文案内容混在一起，独立的一段更容易在用户快速阅读时吸引用户的眼球。

创设情境，用好故事开头

为什么用户会对某一件产品感兴趣？是因为你介绍的产品和他们息息相关，能满足他们的某种需求。卖货文案要想吸睛，就要在开头第一句迅速和用户建立情感联结，拉近产品和用户的距离。在文案开头就创设情境，用情境导入法讲故事，则可以让用户迅速地将自己代入你的文案故事中。这样，用户从中得到心理满足和情感共鸣后，就会倾向于选择你的产品。

比如，某女明星在直播间口播推销祛痘产品时，就讲了一个故事：一个朋友的女儿向妈妈诉苦，说因为脸上痘印多，在学校觉得很自卑，同样身为妈妈的女明星十分理解做母亲的朋友对女儿的担心，就推荐了这款祛痘产品，帮朋友的孩子祛痘并建立自信心。

这样一个故事框架的口播文案，开头用一两句话就先创设了一位妈妈担心女儿在学校因痘印而自卑的场景，能让用户很快代入担心女儿的妈妈、自卑的女儿这两种不同的角色，同时也传递给用户这样一个信息：用了这款祛痘产品，就能解决问题，建立自信。这就自然而然推动了他们下单的决心。

✏ 反差型开头，点燃用户的求知欲

人们总会对超出常理的事情抱有极大的好奇心，要想一探究竟。卖货文案的反差型开头就是为了抓住用户这份好奇心和求知欲。在文案开头用一句极具反差感的语言包装或引出你的产品，出于对反差的探究欲，用户也会继续读你的文案，进一步了解你带货的产品。

> 文案1 软装实用主义家具四件套，一秒钟让出租屋焕然一新。
> 文案2 女朋友只花500元换软装，居然把出租屋改成了小别墅。

上面这两个文案就很好地诠释了反差型文案开头的吸引力。同样是推销适合出租屋布置用的软装产品，文案2的反差感十足，只需开头这一句话，就能吸引用户追问，如何用区区500元，就达到"小别墅"效果呢？在对反差效果的思考和求知欲的推动下，用户自然更愿意购买你带货的产品，尝试也花小钱进行大改装，实现文案里提到的惊人的装饰效果。

　　卖货文案开头的方式还有很多，比如，我们前面提到的戳痛点、用数字吸睛等文案标题的写作思路，也都适用于文案开头的创作。最重要的是，在文案创作时，一定要确保文案开头有"设计"，不要平铺直叙，要珍惜文字，表达精简、有效的内容，才能最大限度地吸引用户，让他们跟着你文案的节奏读下去，最终购买你带货的产品。

四个文案思路，全面激发用户购买欲

优秀的卖货文案，不仅要吸引用户的眼球，还要激发用户的购买欲，具备推动用户下单的能力。所以，你的吸睛文案不能只弄噱头，促使用户下单才是目的。下面这四个卖货文案的创作思路，能帮我们将文案吸睛能力和用户购买欲紧密相连，从而提升文案的带货能力。

✏ 制造对比，有冲突才有购买需求

用户之所以会购买某件产品，多是因为他们有"需求"。感到饥饿时，食物就是需求；感到炎热时，凉爽就是需求；牙齿歪斜不美观时，矫正牙齿就是需求。但很多时候用户不能注意到自己的紧迫需求，所以我们的文案就要制造对比，让用户看到拥有某产品和没有某产品的区别，引导用户认识到自己的需求，从而激发用户的购买欲。

不敢大方微笑？牙齿不齐不该成为乐观的阻碍。爱笑的女孩更好运，3999元起牙齿矫正，给自己一份自信大方的好运气，绝对值得！

　　一些用户可能并没有矫正牙齿的强烈意愿，因为牙齿并未对他们的生活造成太大的影响。但上述文案先提出了一个可能被忽视的需求，即"大方微笑"，再将自信的笑和乐观、好运联系起来，并给出了牙齿矫正的超值服务，用简短几句话就制造了用户内心的冲突，引导他们发现自己对服务的需求，进而购买服务。

　　依照"产生冲突→产生需求→解决冲突"的行为链，要想激发用户的购买欲，卖货文案就要先制造冲突，再告诉用户自己的产品或服务如何解决他们的冲突，在这样因果逻辑的说服下，用户为解决问题，也会主动购买你带货的产品。

✏️ 快速获得，降低消费门槛

　　如今的用户普遍没有太多耐心，在购买和使用产品时候，他们更希望能花更少的钱，快速获得某些产品、技能等。所以，你的文案越符合用户求快的心理，降低他们的消费门槛，就越能让用户买单。

从0到1学懂区块链，只要21天，现在报名，抢占199元特价优惠。

　　上述文案不宣传课程的具体内容、课程优势，仅用课程主题和21天学懂这两个点，抓住用户的求快心理，打消用户购买前的畏难和犹豫的顾虑。"21天"这样一个具体时间提升了消费的获得感，降低了消费门槛，能让用户产生"21天＝学懂区块链＝199元"的思维，用户自然乐意下单。

复杂产品简单化

对于一些比较复杂的产品，卖货文案一定要简单化。给卖货文案"做减法"，让用户快速地理解产品，才能拉近产品和用户的距离，从而推动用户下单。

> 逆光也清晰，照亮你的美。
>
> ——vivo 手机

vivoX20 系列手机主打拍照，受到很多年轻女性用户的喜欢，但这部分用户其实并不关心手机硬件的性能，文案中如果讲"内存""处理器""光感"等专业内容，用户也许没有概念。所以，想卖货就要把复杂产品简单化，直接告诉用户这款手机的强项是逆光拍照，这样用户就不会被一堆手机硬件配置和专业名词绕晕，而是能迅速地抓住产品的重点性能，从而确认自己需要这款手机，更快做出购买的决定。

简单产品复杂化

化繁为简能拉近用户和产品的距离，化简为繁则能让用户觉得物有所值，对产品的价值更加认可。这个文案创作思路尤其适用于一些低价、简单、技术含量较低的产品。文案处理得当，就能让用户觉得产品的质量好，值得自己购买。

厨邦酱油美味鲜，晒足 180 天。

——厨邦酱油

上面这个案例就将简单且常见的产品进行了复杂化。因为酱油在生活中很常见，我们一般认为其价值不高，没有复杂的技术含量。但"晒足 180 天"的概念，一下子让酱油的酿造过程具体化，不但有酿造方法的传承感，还让人感受到厨邦酱油制作的技术含量高、制作过程很精细，让人更容易认可产品的价值，进而选择该产品。

总的来说，卖货文案的吸睛点最好和用户购买原因和内心关注点相关联，文案吸睛点越能挑起用户的购买欲，文案的卖货能力就越强。

价格终极战，五招消除用户的下单疑虑

产品价格是卖货文案是否具有吸引力的重要因素，毕竟，人们大都不会拒绝物美价廉的好产品。很多时候，产品的价格不是文案能决定的，文案没法用低价的噱头来吸引用户下单。然而，即使价格调整空间不大，文案还是可以借文字游戏"花式描述"产品的价格，消除用户的下单疑虑，让他们觉得特别划算，买到就是赚到，从而快速下单。下面为大家列举五招卖货文案中价格的表述法。

1.价格均摊显划算

有些产品价格比较高，容易让用户望而却步，此时你的文案就要帮用户降低对价格的敏感度，给对方营造一种实际上不贵，自己能承担得起，或者买到就是赚到的感觉，才能打消用户对价格的顾虑，从而痛快地下单。

对于卖货文案中的价格转换，我们可以遵循以下方法：

价格均摊（均摊成本）＝产品价格÷使用周期

用户若觉得一件产品的价格贵，可以均摊到使用周期的每一天，这样，产品的价格就会相对更能被用户接受。

×× 会员，599 元/年，就可畅享 10W+ 素材模板。
×× 会员包年，每天仅需 1.64 元，畅享 10W+ 素材模板。

文案中，将价格均摊后，价格看起来就会更容易让人接受，用户对价格的敏感度降低，甚至会产生一种很值得购买的感觉。

2.强调花小钱省大钱

在文案中帮用户计算购买产品能省更多钱，告诉用户，买了你的产品可以长久使用，省下了很多后续重复更新购买产品的投入，让用户看到花小钱更划算，就更能刺激用户的购买欲。

×××扫地机器人，仅需2300元，使用5年没问题，帮你每天节省20分钟打扫时间，一年省下7300分钟，多用来陪陪家人。

你的文案帮用户算好这笔账，让他们真实地看到划算，就能说服用户忽视价格，从而主动下单。

3.优惠选大数字，视觉更有冲击力

即使是同样的价格，我们也可以有很多不同的文案写法。选择看起来优惠更大的数字，更容易推动用户下单。

比如，产品打 3 折和降价 70% 是一样的，但 70% 看起来比 3 折就

更具视觉冲击力。

对于原价比较高的产品，我们写"打折"时不但可以写折扣，还可以直接写降价或省了多少钱。比如，"××冰箱年终大促，现在购买立减 2000 元。"这样明确具体的优惠金额，且金额较大的产品，直接写"立减 2000 元"，就比写"打 7 折"更能刺激用户的购买欲，也更能吸引用户下单。

4.价格限时，下单更积极

价格优惠的时效是很好的激发用户购物欲的策略，有时候优惠可能并不吸引人，但因为优惠时间有限制，会给用户造成一种不赶紧购买就会错过优惠的错觉，更容易产生冲动的消费行为。

所以，不要小看卖货文案中"最后三天""尾单限时抢购""优惠倒计时"等字样。它们简单却好用，只要适当加进你的文案里，就能给用户造成紧迫感，促使他们尽快下单。

5.善用价格锚点

所谓价格锚点，是指商品价格的对比标杆。很多产品的营销会利用价格锚点的对比和暗示来动摇用户对商品价格的评估。要想打消用户下单的顾虑，最重要的就是让用户觉得下单就是占便宜了，这就需要通过文案为用户制造一些惊喜，让他们看到产品或服务的物超所值。

比如，同样是优惠 20 元，可以写成：

加 1 元，即可任意选购店内原价 20 元以内的商品一件。

让用户只额外支付 1 元，就可以购买价值 20 元的产品，比直接告诉用户购物现场立减 20 元或者打折的效果更好。1 元作为一个价格锚点，给用户制造了强烈的价格对比，比直接减钱或直接赠送显得更优惠，能大幅加强用户的消费冲动。

卖货文案价格战的写法不尽相同，关键就是让用户意识到现在买很划算，打消用户对价格、优惠等方面的顾虑，让他们觉得机不可失，时不再来，买到就是赚到，如此就能促使用户痛快地下单。

第五章

文案变现力：
走心文案，
让用户情不自禁下单

卖货文案不是叫卖广告，好文案，有情感

叫卖广告是卖货文案最基础、最简单的形式，被广泛应用。我们一走进菜市场，就能听到菜贩们热情地叫卖："西瓜，西瓜，又甜又脆的新鲜西瓜！"我们一点进网络直播间，就能听到主播们声嘶力竭地喊着："不要 998，只要 98！今天的福利送给各位家人们，买到就是赚到！"这些叫卖广告具有共同的特点：内容简洁，朗朗上口，产品特点和诉求点单一，具有浓厚的广告气息。

这样的叫卖广告虽然简单，有效，但更多针对的是购买意愿和购买目的较明确的用户，是为了告知用户"我有"，并不能真正起到推广和宣传的作用，甚至很容易引起一部分用户的反感。

所以，在创作卖货文案时，要想提高你文案的变现能力，一定不能为了叫卖而叫卖，只有把文案写进用户的心里，以情动人，才能把"要用户买"变成"用户要买"，让用户情不自禁地下单。下面就让我们看看高明的文案人是怎样不着痕迹地打感情牌，让用户下单的。

因为我已经认识了你一生，

因为你一辆红色的 RUDGE 自行车曾经使我成为街上最幸福的男孩，

因为你允许我在草坪上玩蟋蟀，

…………

因为我没有像我应该做的那样经常说谢谢你，

因为今天是父亲节，

因为假如你不值得送 CHIVAS REGAL 这样的礼物，

还有谁值得？

这是广告大师大卫·阿博特为芝华士写的一则父亲节的广告，它和我们今天常见的电商平台、直播平台上那些偏向叫卖式的广告有很大的区别。文案中并没有阐述芝华士产品如何，也没有让用户快下单的吆喝，全篇写的都是儿子视角下的父爱点滴，只在结尾处用一句话点出，芝华士这样的礼物是值得送给父亲的，因为父亲就像上面文案中写的那样有爱。文案不叫卖，不讲产品，而是在叙事和传递情感，这样的内容在父亲节这个特殊的时间节点推出，很容易打动用户，让用户发自内心地觉得需要给父亲买芝华士这样的礼物。

这篇文案的高明之处就在于没有直接告诉用户必须买的理由，而是描述生活场景，用娓娓道来的文字渲染和铺垫父亲和子女之间的亲情、感动，用情感联结用户和产品，在结尾用一句"假如你不值得送 CHIVAS REGAL 这样的礼物，还有谁值得"，将"父亲节送礼，就选芝华士"的观念根植在用户心中。不得不说，这是一种十分巧妙的文案创作方式。

卖货文案的创作方式有很多，功利性的文案并非不好，叫卖式、价格战等文案写法虽然能吸引一部分用户，但以情动人能抓住更多原本购买意愿不强的用户，让他们在选什么都行的情况下更倾向于选择你的产品。

卖货文案不是单纯的叫卖广告，好文案里要有情感的融入，感性内容能打动用户，改变用户对产品和品牌的印象，提高他们的好感度，从而促使用户下单购买你的产品。

既然好文案讲情感，那么我们就总结一下，要想为卖货文案注入情感，应注意哪些文案创作原则。

1. 用词简洁、紧凑

讲情感不是让文案变得啰唆，而是文案的每个词语都要真挚有情，每个句子都要会讲故事；讲情感不是"熬鸡汤"，而是你讲的情感要与用户的生活深度关联。

2. 情感贴合大众观念

好文案是词语、感受、印象的和谐统一，情感流露要自然，并且最好是普世情感，如亲情、友情、爱国之情等，不要将过于小众的情感作为文案的切入点。

3. 文案情理兼备

以情动人卖货时，要理性地诠释用户购买产品的原因。文案不能只讲情感而不讲购买，真情流露过后，要回归产品本身，避免打动了用户却忽略了文案的卖货目的，一定要在情感的铺垫下，给用户一个明确的选择你的产品的理由。

文案创作时，讲情感和故事永不过时。任何广告文案的本质都是卖货，无论你贩卖的是实物产品、虚拟课程，还是公益价值，文案的本质都是说服用户关注、认同和选择。所以，要想提高文案的变现力，你的卖货文案一定要能走进用户的心里，打破他们的心理壁垒。

卖货文案必备两大要素，让用户相信你的推荐

　　讲情感的文案固然能吸睛和打动用户，但一些文案创作者可能有这样的困惑：如今，用户的注意力极其有限，情感类长文案可能还没来得及触动用户，就已经被他们放弃了，自己又该如何卖货呢？

　　这确实是如今的文案创作者面临的困难之一，但讲情感也不一定是一味地煽情，你的文案如果能让用户觉得是在为他们着想，为他们谋福利，也不失为一种情感关怀。这就是说，站在销售角度表达对用户的关心，这样的文案也能赢得用户的信任，实现卖货的目的。

　　要想赢得用户的信任，让他们觉得你是在为他们着想，你的文案就要把握好实惠和利益这两大要素，这样就能让用户相信你并下单。

1.帮用户比价，让实惠更具画面感

　　前面我们提到过很多种价格的表述法，基本都是从打消用户的价格疑虑出发的。而要想让用户相信你的推荐，除了直接说优惠信息、

直接进行比价之外，还可以将价格、场景、情感三者相结合，帮用户构建更直观的比价画面，用具体事物体现价格优惠，让实惠更显而易见。

比如，服装买一赠一优惠，单纯说"买一赠一"可能比较平常，并不容易触及用户的内心，我们可以换一种文案写法："花和平时一样的钱，现在可以买两件，闺密一件，我一件，价格减半，友情加倍。"这样修改后，优惠不再是冰冷的价格，植入和朋友穿闺密装的美好画面，在比价的同时讲情感，使用户透过优惠想象自己拥有产品后的美好画面，用户自然更乐意买单。

2.为用户着想，将产品特点化为利益点

对于同一件产品的特点，不同的人会有不同的评价，甲认为是优点，乙则可能认为是缺点。所以，我们在创作卖货文案时，不能单纯地扬长避短，而要学会将产品所有的特点，转化为用户的利益点，让对方觉得你产品的所有特点都是在为他们的利益服务，并且认为你的推荐是在为他们着想，你的卖货文案才是成功的。

比如，某品牌热水器的优点是功率大，加热快，冬天洗澡不用等待，这本来是优点，但大功率费电也可能成为一部分用户的顾虑。此时，要想让用户相信你的推荐，我们不妨换一种文案描述方式："一个家用电饭锅的功率是250W，×××热水器1500W大功率，只相当于6个电饭锅，却能让你在寒冷的冬天回家快速洗个热水澡。"文案将一些用户担心的大功率费电问题巧妙地转化为"6个电饭锅"这种更直观和消费疑虑少的表述，却强化了"冬天回家洗热水澡"这样的画面，降低用户消费顾虑的同时，让用户透过文案看到自身能获得的利益。这就是说，叙述角度不同，产生的效果也不同。

　　总的来说，卖货文案中产品利益的转化，就是把产品特点转为优点，把优点转化为用户喜欢、认同或更能接受的利益点，最好再辅以引人憧憬的使用画面，让用户觉得你的文案是站在他们的角度说话的，这样你的文案就能获得用户的关注和认同，卖货也将水到渠成。

五步法给文案加个"钩子"，提高产品吸引力

文案创作者都知道，有创意的文案能提高产品的吸引力，使用户更乐意关注你的文案和产品，继而提高文案的变现力。但卖货文案的创意只能依靠灵光一现的灵感吗？当然不是。好创意不是凭空产生和偶然获得的，而是文案创作者逻辑思考的产物，创意就是你文案的"钩子"，它可以钩住用户的好奇心，这样他们才乐意买单。

苏联心理学家洛万和斯塔林兹曾提出"五步联想法"，这一方法认为："任何两个概念，哪怕它们相隔甚远，但只要经过四步、五步，最多六步，就能构成联想关系。"

比如，香水、水生香调、大海、阳光海滩、沙滩排球，"香水"和"沙滩排球"这两个词几乎没有关联性，但通过五步联想法，就能将两个概念自然且合理地联系在一起，这样的思维方式可以给产品增添很多

别致的印象。这些能引人遐想的创意印象，都是你产品的吸引力和文案的"钩子"。普通的卖货文案讲香水的品牌、香调、应用场景，你的文案将香水与沙滩排球联系起来，"×× 香水，少年感香气，给你阳光海滩打排球一样的活力四射"，有一种出乎意料又拨动心弦的想象张力，在构建画面感的同时，能让用户眼前一亮，自然更能促使用户下单。

采用"五步联想法"创作创意文案，要遵循以下五个步骤。

1. 收集资料

创意是一个由观察到发现的过程，要想找到文案素材和产品之间新奇的关联点，就要尽量多看，多想。我们可以从四个方面收集创意文案的创作资料，分别是收集与产品相关的资料，收集与用户相关的资料，收集与竞品相关的资料，收集当前流行的创意形式。收集完这些资料后，就可以进入下一步工作了。

2. 消化、分析、联想收集到的资料

掌握了大量信息后，我们开始结合资料分析产品，找到产品最具特色的卖点，将这些特色卖点广泛地与收集到的资料进行联想，提出多种创意点。联想可以是相容、相关、相似、相对，甚至是无关的关系。比如，通过一个电饭煲，我们可以联想到电饭煲的外观、内胆（相容），联想到煮粥、煮饭（相关），联想到微波炉、电炒锅（相似），联想到外卖、餐馆（相对），还可以联想到野餐、露营、宠物等无关的内容。创意就是从这些相关和无关的内容中产生的。

3. 酝酿文案，明确创意意图

文案创作到这个阶段，我们就要停止广泛的联想，找出一个最佳创意方向，深度思考创意意图，将创意和产品联系起来。仍以电饭煲为例，用户一般将电饭煲和居家、家庭厨房、妈妈做的饭等内容联系起

来，野餐这种场景一般不会出现电饭煲的身影，但电饭煲也可以在户外使用，为什么不能将电饭煲和春天、野餐、健康、便捷联系起来呢？确定创意方向和文案对产品的推荐意图之后，就可以开始创作文案了。

4.文案创作，整合你的产品、创意和资料

进入这一步，我们可以选择一个创作背景，比如，将电饭煲放在春季野餐的场景中。产品的特点是外形小巧、美观、功率低、可连接车载电源保温或慢煮。这时候，我们就可以将电饭煲这个产品，与通常观念里并不相关的春季野餐场景结合起来，具体描述如何带着这个小电饭煲进行一次有烟火气的春季野餐，将家常饭的味道搬到户外。这样具有创意的使用场景和生动演绎的产品功能，更能唤醒用户的购物欲。

5.评估文案，调整可行性

初步创作完文案后，我们还要对文案加以修正、强化和深化，使文案的细节与产品、用户的诉求等方面更贴合，让创意看起来更自然，更可行。

用简单的"五步联想法"，为产品文案设计一个"钩子"，用出其不意的创意吸引用户关注和联想，再逐步布局，让用户看到产品出乎意料的应用场景和使用产品的美好、有趣、创意场景，产品的吸引力自然就增强了，卖货文案的目的也就达到了。

五大攻心计，说服你的用户下单

马斯洛需求层次理论将人的需求按照从低到高分为五个层次，分别是生理需求、安全需求、社交需求、尊重需求和自我实现需求。这五个需求层次也能为我们的卖货文案提供创作思路。因为，卖货文案从某种程度来讲，是商家和用户的心理战，只要文案能戳中用户的内心，自然能说服用户下单，创造消费神话。一般来说，会攻心的文案，卖货能力都不差。

那么，该如何结合马斯洛需求层次理论，实现卖货文案的"攻心计"呢？要想写出更有针对性的、更能刺激用户消费的文案，我们可以从以下五个方面入手。

1.文案要满足用户的生理需求

生理需求是人类最基础的需求，它包括衣食住行、繁衍后代等一系列内容，文案若能根植生理需求，就能刺激用户的购买欲。比如，人最基础的生理需求之一是吃饱，你的文案如果能刺激用户的"食欲"，就能说服他们下单。

> 晶晶亮，透心凉。
>
> ——雪碧

雪碧的经典文案，就是攻心，刺激用户的生理需求。解渴是用户选择饮品的目的之一，雪碧作为碳酸饮料，抓住产品冰凉、爽口的特点，用"透心凉"这样的形容激发用户对夏天喝一口冰爽刺激的饮料的向往。这样的文案不仅简短、好记，还能快速地满足用户的生理需求，是刺激用户购买欲的有效卖货文案。

2.文案要满足用户的安全需求

人对安全的需求涵盖比较广泛，生命安全、生活保障、财产安全都包含其中。你的文案如果能让用户感到安全，那就能赢得他们的信任，有了信任的加持，自然能唤起用户的购买欲。

> 爷爷的农场酱油，只有4种配料——有机大豆、有机小麦、水、食用盐，没了！

当前，人们对食品安全问题十分关注，绿色、健康、少添加是很多人对食品的要求。上面这个酱油广告文案，抓住了用户寻求饮食安全的心理，简洁地阐述配料的简单和安全，用一句话就打消了用户对酱油里是否有食品添加剂的顾虑，满足了用户对食品安全的需求，自然就能获得用户的青睐。

3. 文案要满足用户的社交需求

相较于生理需求和安全需求，社交需求更为细腻，是用户情感需求的一部分。人都有建立亲密情感关系和追求群体认同的社交情感需求。你的文案如果能满足用户在社交情感上的需求，就能更轻松地被用户选择。

再忙也要好好吃饭！

某自热料理的这句广告文案，就像来自知心朋友的关心和叮嘱，让在都市中忙碌生活，没时间做饭，甚至有一些孤独的用户感到了关怀。这类文案就是对用户社交需求的一种满足，用户自然难以拒绝这样的关心。

当然，不同的用户，他们的社交需求和习惯的沟通方式是不同的，我们的文案应多角度地去满足不同人群的社交需求，这样才能赢得更多人的选择。

4. 文案要满足用户被尊重的需求

人的内心都渴望被尊重和被认可，你的文案如果能让用户觉得选择你的产品之后，自己能获得更多的尊重和认可，那文案的卖货能力将大幅度提升。

文案中对用户的尊重和认可，其实并不难达成。简单来说，就是你的文案要让用户觉得"尊贵"，多夸夸用户，以显示对他们的尊重和认可。

比如，很多奢侈品品牌在文案中会强调产品的高端、精致、稀缺、价值，这些对产品的渲染，能让用户觉得"选择这款产品，自己更有面子",这就是文案对用户的内心被尊重的需求的满足。

还有一些文案热衷于赞美、肯定用户。比如,自然堂的广告语"你本来就很美",兰蔻香水的广告语"你就是奇迹",这些文案都满足了用户渴望被尊重和被认可的心理,为了享受被尊重、被认可的感觉,更多用户会选择购买产品。

5. 文案要满足用户自我实现的需求

很多人内心都会有这样的想法:"广告里的人真优秀,如果我也能成为这样的人该多好!"这就是人们对自我实现的需求。人们希望通过拥有某个产品,获得某些能力和魅力。你的文案如果能满足用户这种自我实现的需求,那么你带货的产品就能有更大的销量。

一切皆有可能。

听到这句广告词,用户会忍不住将自己代入什么事都可能做成的情境中。这就是文案对用户自我实现需求的满足,也是一部分用户愿意选择产品的原因。

文案的变现能力的强弱,与文案对用户心理研究的深度和文案对用户需求的满足程度有关。换句话说,你的文案能戳中用户的内心,满足他们各方面的需求,就能说服用户购买你的产品。

真诚的数据是你的必杀技

付出真诚，就能建立心灵的桥梁。在任何一种关系里，如果我们企图通过堆砌形容词、程度副词，用夸张、对比等修辞方式把话说得天衣无缝，并赢得对方的长久信任，那么几乎是不可能的。文案创作也是一样。如果你不能站在用户的角度，深入而全面地了解你的产品，而是用漂亮的文案把产品包装成美好的样子，那么用户势必不会买账。要想让文案带动产品的销量，没有什么技巧比用事实说话更可靠。将真实的产品数据一一列出，站在用户关心和需求的角度帮他们认真地分析和说明这些数据，用户才会对你的产品和服务产生信任，从而放心购买你的产品。

很多直播卖货文案都会夸大产品的功能，借此诱导用户选择自己推荐的产品。那些与产品事实不符，欺骗用户的文案，无疑是在消耗产品的生命力。好的卖货文案一定要赋予产品更长久的生命力，让用户一而再，再而三地选择下单，产品的销量才能节节攀升。所以，要想提高文案变现力，有时候并不用做太多复杂的事，只要好好讲事实就够了。

在众多会讲事实的文案中，最经典的要数广告大师大卫·奥威格给劳斯莱斯汽车写的一篇广告文案。下面就让我们一起欣赏一下文案的节选。

主标题 这辆新型劳斯莱斯在时速 60 英里时，最大噪音来自电子仪表。

副标题 什么原因使得劳斯莱斯成为世界上最好的车子？

首先，这篇文案的标题用"最大噪音来自电子仪表"这个具象化的描述，增加了文案的可信度，消除了用户与汽车性能专业化数据之间的距离感，让文案更容易被用户理解。

随后，面对一系列汽车专业数据和名词，文案并没有罗列参数，而是在深度了解汽车性能的前提下，用各种具象化的描述、详细的数据，展示了汽车一系列出众的性能，因为有数据和场景的支撑，让这篇文案看起来真实可信。

行车技术主编报告："在时速 60 英里时，最大噪音来自电子仪表。"引擎是出奇地寂静，三个消音装置把声音的频率在听觉上剥离掉。（静音引擎优势，被巧妙地具象化表述）

读完这样真诚、详细的文案，谁能对劳斯莱斯这款汽车不心动呢？这就是讲事实文案的魅力，也是我们提高文案变现能力的创作思路之一。

其实，讲事实的卖货文案并不难创作，不要担心把事实写成流水账，只要按照三种方法进行创作，你的事实文案就能吸引用户迅速下单。

1.事实文案要有亲切感

讲事实文案中要想用好数据，不同于写科研报告，因为大多数用户很难看懂专业的数据，所以我们写文案时一定要把这些数据转化成日常生活里容易懂的内容，让文案更接地气，更具亲切感。

喝杯水都可感知的精准。

——小米电子秤

2.加入真情实感的文案更戳人心

结合故事讲事实时切忌胡编乱造，即使你描述的产品功能、优势是真实的，但如果故事看起来不够令人信服，即过于生编硬造，就会削弱用户对产品的信任。讲事实的文案一定要注入真情实感，能说服自己的文案，才能说服用户。比如，舒肤佳香皂的广告，始终将香皂除菌功能和家庭生活、孩子健康联系起来，有从妈妈角度出发的真情实感，才让"舒肤佳香皂就是除菌、健康保护的典范"这个概念深入人心。

3.文案避免假大空

讲事实的文案一定要有真实依据，利用数据包装产品的前提是数据的真实性，如果数据是假的，一旦被用户发现，那么影响的不只是产品销量，还有品牌形象。所以，以事实为依据的卖货文案，不能编造数据。比如，说一瓶橙汁里维 C 含量等于三个橙子，就需要有一定的配料和营养数据支撑，而不能信口开河。只有让用户真实看到配料和营养含量表里的每 100 毫升的维 C 含量，文案才真实。这样，文案里说的事实才更令用户信任，进而提高产品的销量。

全民互动，三招让文案更具传播性

在通过一部手机就可以连接世界的今天，要想提高文案的变现能力，就要让文案在互联网二次传播中呈现更好的效果，让全民参与互动。只有不断传播的文案，才更具带货实力。

那么，该如何写出能"刷屏"的文案，引爆产品的销量呢？下面这三招都具有超强的可实践性，值得我们借鉴。

1.文案中融入具有社会价值的内容

所谓有社会价值的内容，就是指对社会和公众利益有影响的内容，一般情况下指的是积极影响。一个品牌或产品如果以公益和造福群众为己任，就更容易收获用户的好感，从而在市场竞争中脱颖而出。

比如，现在很多产品在推广和销售时，会在文案中融入环保、公益、助农等元素，强调品牌和产品的社会责任感，增加其社会价值。像"您每买一瓶×××，就会有1元钱捐给山区里的孩子。"这类文案就属于响应公众利益、融入社会价值的文案。这样的文案不但能提高品牌和产品的社会地位，也能让用户在选择产品后获得道德和情感上的满足感，更能促使用户下单。最近几年国货的崛起，很多国货品牌的文案的创作就是利用这样的原理。像"中国人，奇强"这样的广告文案，就抓住了用户追求产品和自身社会价值的心理。

2. 自带"梗属性"的文案

在网络热梗此起彼伏的今天，你的产品文案如果自带"梗属性"，用户就会自发地引用和二次传播产品文案里的热梗，从而提高文案的传播力，提升产品的知名度和销量。

比如，溜溜梅的广告文案将"你没事儿吧？"这句话重复了三遍，紧接着就说"没事儿就吃溜溜梅"。一句话重复三遍，只是为了顺理成章地揭示产品，强调"没事儿就吃溜溜梅"，但是文案本身的特殊语境，让这个简单的广告文案成为了网络热梗，传播力经久不衰，也带动了产品的曝光量和知名度。这就是文案自带"梗属性"的优势。可以让文案多次传播，始终保持产品的热度，从而保证了产品的销量。

3. 文案追逐热点，自带话题讨论度

要想提高文案的变现能力，就要学会追逐热点，让文案自带话题讨论度。一个文案如果能引起全民的积极讨论，那么文案的带货能力就是持续性的，文案的变现能力也是强劲的。

比如，全国人民对各地美食的讨论热情一直居高不下，写食品推广文案时，如果借助"家乡美食"这种自带流量的热点话题，再用文案引爆一些能让用户持续讨论的内容，那么你的产品就不愁销量。

举个例子，推广热干面时，文案可以是："别管甜豆浆还是咸豆浆，×××热干面全国第一好吃没争议！不服来战！"这样的文案势必引起广大用户关于热干面味道的积极讨论，有讨论就有流量，流量之下，势

必引起围观用户对 ××× 品牌热干面口味的好奇，销量自然就会迅速提升。

　　总而言之，要想文案能带货，就要让文案具有能引起全民互动和参与的属性，只有越多人主动转发、讨论、"玩梗"你的文案，文案的卖货效果才能持续下去。

营销策略

篇

理解营销与营销策略

制定营销策略前，先搞懂何谓营销

现代管理学之父彼得·德鲁克曾说过："任何企业、组织的存在都是毫无意义的，除非它能满足该组织以外其他组织、个人的需求。"这句话换成更简单易懂的方式来表述就是，满足用户的需要是企业存在的目的。而营销则回答了企业为什么而存在。

谈起营销，似乎每个人都能说出一些内容。有些人认为营销是做广告、办活动，是打折、促销；也有些人认为营销是对企业或个人做出具有前瞻性的规划，有目的地进行管理；还有人认为营销是一种思维模式，能帮我们达成目的、获得利益、改善关系。以上说法都没有错，但也都不全面。简单来说，营销是找到用户的需求，并去满足他们的需求。从市场角度来说，我们可以将营销理解为一项组织职能和一系列业务流程，是围绕着向用户创造价值、传播价值、交付价值而展开，并从中获取利润的一系列活动。

价值，是营销的中心思想。要想搞懂什么是营销，我们先要深度理解营销的首要关键词——价值。

1.营销是创造价值

营销的首要目标是为用户创造价值。你产品的卖点只有与用户的需求点相吻合，你的营销才是能创造价值的。比如，在市场调研中，我们发现用户对门锁的需求是安全和方便，产品的设计如果能以安全、方便为目标，那就是能为用户创造价值的营销。

2.营销是传播价值

价值被创造出来后，并不会实现自动销售，传播价值就成为营销的重要组成部分。仍以门锁为例，对于你的门锁具备的安全和方便的性能，目标用户并不知道，因此你就需要通过各种媒介将这一产品价值信息传递出去，让目标用户能感知到它的价值。"感知即真实"，最终对产品价值的评价还是要依据用户的感知。

那么，我们该如何让用户感知到门锁的安全和方便呢？简单来说，通过一系列方法让用户感知到这些价值，并认可和理解这些价值，就是你营销的重点。用户感知和认可产品的价值后，企业创造的价值就实现了有效传播。

3.营销是交付价值

简单来说，营销交付价值就是选择、设计、管理企业产品的分销渠道，让有价值的产品能顺利地找到愿意为产品价值付钱的用户。过去，企业产品的价值交付方式比较单一，如今，快递、外卖、电商平台、零售平台等多元发展，让产品的价值交付方式越来越多样化，扩大了营销过程中交付价值的操作空间。

了解以上营销的全部流程后，我们不难发现营销和销售二者是存在很大的区别的。如果说销售聚焦的是交付价值的环节，营销就是要面向用户，把创造价值、传播价值、交付价值这一系列过程都做好，是以用户为中心，去满足用户内心真实需求的一系列活动。

　　总的来说，只有搞懂营销的这一系列过程，并客观地认识到营销的本质是为他人创造价值，我们才能谈如何做好营销。

4P 理论框架下的四种营销模式

提到 4P 营销理论，凡是对市场营销有一些了解的人应该都知道。严格来说，4P 营销理论并不是一种方法或一个理论，而是一种营销模式。

4P 营销模式框架是密歇根大学的杰罗姆·麦卡锡教授于 1964 年提出的。所谓 4P，即 product（产品）、price（价格）、place（渠道）、promotion（促销手段）这四个部分。所有的营销活动，只要能按这个框架去规划，就基本能保证不出错漏。按照 4P 理论框架去分析对手的营销模式，能快速地找到对方在营销中的优劣势，但因为 4P 理论框架过于基础和简单，很多人在做营销时会忽视它。

实际上，掌握 4P 理论框架，才能快速地搞清营销的本质，让你的营销不走弯路。任何营销，都是基于 4P 理论框架的营销策略组合。下面我们将详细介绍 4P 理论框架下的四种营销模式。

1. 以产品（product）为核心

以产品为核心的营销模式，其关键是产品更新速度要快，产品销售渠道响应要快。采取这种营销模式的企业，营销投入更侧重对新品的推广，在营销渠道和产品包装上的投入并不会很多，而且会在一定程度上牺牲旧产品的价格，以促进新品的销量。

在国内市场中，电子产品就比较倾向于以产品为核心的营销模式，有些企业甚至会用"饥饿营销"的方式营造产品在市场上一货难求的氛围，以此推动产品的销量。

需要注意的是，很多行业的产品并不具有独特性和稀缺性，可替代品过多，企业就无法真正做到以产品为核心，所以在选择营销模式时，以产品为核心并不能奏效。

2. 以价格（price）为核心

以价格为核心的营销模式十分好理解，就是我们常说的"价格战"。在进行价格营销时，最突出的特点就是降价，但降价的方式可以五花八门，直接大幅度降价、附赠礼品、赠送增值服务等，都属于"价格战"的类型。

作为典型的营销模式，以价格为核心的营销适合市场上同类竞品较多、产品技术差异较小的产品。企业想打"价格战"营销，需要具备雄厚的实力，能大规模地生产产品，这样，"价格战"才能保持底线。此外，要有明确的价格营销目标，能用价格损失换来更大的市场份额。只有这样，企业以价格为核心的营销模式才有价值。

3. 以渠道（place）为核心

随着网络时代的到来和电商的强势兴起，传统营销渠道受到了很大的冲击，线上、线下渠道整合逐渐成为未来营销发展的趋势。要想以渠道为核心进行营销，就要注意协同各渠道，发挥不同渠道之间的互相促进作用，才能取得好的营销效果。以渠道为核心的营销，需要营销策划者对渠道结构、用户特点、本地市场都有深入的了解，并有较强的战略布局意识和组织管理能力。同时，要想倚重渠道营销，还需要企业有研、产、销一体的快速应对能力，能适应市场瞬息万变的环境，才能凭借渠道取胜。

4. 以促销手段（promotion）为核心

这一营销模式的关键是围绕促销展开营销策略，它在化妆品、日用品、保健品等产品的营销中比较常见。这种营销模式的特点是广告不多，销售渠道也不会明显地扩大，但需要在营销企划、品牌塑造和传播、营销奖励制度上具有较高水平的设计。

以促销手段为核心的营销模式，需要企业有较强的统一策划和落地的执行力，虽然组织简单，但需要较多的人力资源，在营销效果管控上也存在一定的困难，选择这种营销模式，企业最好是有一定的基础和实力。

总之，4P 理论框架下的四种营销模式存在相互依托的关系，需要联动进行。就像奶茶品牌喜茶，要保证高品质，定价就一定会相对较高，才能保证利润，这也决定了喜茶必须在三线以上城市销售，若继续下沉，则价格劣势压倒产品优势，营销就没法有效地配合开展。而喜茶在进行营销策划时，也会注意定价、渠道、品牌调性和营销能否很好地配合起来。总之，用 4P 理论框架来策划和分析营销活动，我们就能迅速地搞清营销的本质，有的放矢地做好营销。

你的产品决定了你的营销方向

如今，我们讲营销时，关注得较多的是营销推广和营销传播，反而忽视了产品本身的价值和用户对产品的体验。

实际上，企业要想生存下去，靠的是经营；而营销若想奏效，靠的则是产品。因此，一定要记住一点，你的产品决定了你的营销方向。

说到这里，很多从事市场营销的人可能会有疑问：产品是产品经理、企业研发部该关注的事情，营销关注的应该是营销文案、广告投放、营销活动和公关等内容，为什么要关注产品呢？

其实，很多人对营销存在认识误区，认为营销的作用就是将产品卖点和企业服务优势全方位地展示给用户，吸引用户的注意力，并最终实现用户转化。实际上，营销和产品是密不可分的两个要素，前面阐述的4P 理论框架中，位于首位的就是 product（产品）。营销不是单纯的推广和信息传播，而是融产品、价格、促销、渠道为一体的一系列框架模式。产品是营销的关键点之一。那么，产品和营销宣传，究竟孰重孰轻呢？回答这个问题之前，我们要先了解产品和营销的关系。

1.产品是1，营销是0

要先有产品这个"1"，营销策划和落实的无数个"0"才有价值。从产品的角度看，营销是为了让用户认可和选择产品，以帮助企业盈利；从营销的角度看，产品则是营销的前提和基础，营销提高了用户和产品的接触率，而好产品会让营销自动发生。所以，好的产品和营销应该是相辅相成的关系，没有好产品做支撑，再优秀的营销团队也带不来真实的销量。近年来，很多明星开的火锅店曾火爆一时，却很快陷入闭店的局面，就是舍本逐末，放弃产品，专注营销的结果。

2.营销帮好产品进行发酵

今天的市场竞争异常激烈，在产品同质化严重的局面下，酒香也怕巷子深，而好的营销则能保证企业的持续发展并最终盈利。在产品质量过硬且具有一定优势的情况下，产品可以决定营销的方向，只要营销得当，产品的销量逐步上升只是时间问题。

以国货品牌蜂花为例，过去，蜂花一心钻研产品，保证产品的物美价廉，但因为营销不当濒临倒闭。近年来，蜂花开始在营销上下功夫，通过低调捐款、认养旅美归国熊猫、推出79元洗护套餐等营销事件，将产品推到社交媒体的新风口上，让蜂花产品的销量持续上升，口碑更上一层楼，体现了营销推动好产品发酵的价值。

当用户使用蜂花产品后，又会对产品进行评价。如果产品的使用体验好，则用户会复购或者推荐给周围人；如果产品的使用体验不好，则用户不会再购买或向他人推荐产品。这些市场评价和用户推荐成为营销的一部分，将产生持续的影响，从事营销的人需要及时调整营销策略，以避免企业的损失，保证持续获利，这就是产品对营销方向的影响力。

可能有人会有疑问：我们只负责市场营销，又该如何去影响产品呢？

其实，营销人员不但需要帮企业推广、销售产品，还要不断地搜集用户对产品的意见反馈，帮助企业改进产品，提高产品的价值，而非仅仅将注意力聚焦于推广、促销、渠道投放等方面。也就是说，只有具备优化产品的意识和能力，才能算得上是合格的营销从业者。

从市场调研开始，建立爆款思维

　　打造爆款营销内容是每个营销人的目标，但很多从事营销工作的人对如何打造爆款不是很了解，习惯将爆款营销的出现归因于创意、运气、蹭热度等一些可控性较低的因素。

　　实际上，爆款营销的策略有据可循，我们要先摸清爆款内容的底层规律，建立爆款思维，才能让营销目标和思路更加清晰。有了爆款思维，再将这一思维植入市场调研，从营销第一步开始，就用爆款思维领航调研方向，这样就能打造出爆款内容。

　　那么，爆款内容有哪些底层规律呢？只要认真对市面上的爆款营销案例进行拆解、分析和总结，我们就可以发现，所有爆款营销策略都有三个共同的特点。

　　第一，爆款营销都拥有用户视角，在营销策划方面，都是从用户出发，站在用户的角度策划营销内容，营销是围绕用户所需、所想、所感开展的。

第二，触发爆款营销的关键点，可以归纳为四要素，即你的营销内容对用户来讲要有趣、有用、有料、有力。有趣的营销能激发用户的好奇心和参与心，让营销内容在舆论的发酵下越传越广；有用的内容可以激发用户的点评欲和分享欲，能让营销内容持续扩散；有料的内容能激发用户的八卦心理和窥私心理，让用户追着营销内容跑；有力的营销则能刺激用户，引起用户的情感共鸣，为用户情绪赋能。

第三，好的营销内容能给用户提供实用价值、信息价值、情绪价值、决策价值等帮助，而爆款营销至少具备这四大价值中的一种。

既然爆款内容具有以上三方面的共同特点，那么我们在制定每一步营销策略时，只要以以上爆款营销特点为导向去思考和设计营销策略，就能复制爆款的策略。

众所周知，市场调研是做好营销的第一步，所以，要想出爆款营销方案，从市场调研开始就要运用爆款思维。爆款思维指导下的市场调研，可以从以下三方面入手。

1.调研目标市场用户需求

用户需求是营销的根本。你不知道如何做营销内容时，就去调研、了解目标用户最关心什么，最想解决什么问题，平时浏览的网络平台和内容都有哪些。爆款营销点就藏在用户关心、困惑、关注的这些信息中。

调研用户需求最简单的方式就是网络搜索，在你想营销的领域搜集100个比较热门的问题，再进一步筛选其中浏览、评论、点赞量高的问题，这些问题就是你制定营销策略的切入点。

2.调研竞争对手产品营销的亮点

营销不是"闭门造车"，我们不仅需要了解用户想要什么，还需要知道竞争对手在做什么。基于爆款思维，在市场调研中，我们要对标竞品做策略，博采众长，借鉴竞争对手在营销中的成功经验。

一般来说，可以先找五个对标竞品，分析它们近一年营销效果好、社会热度高的营销案例；参考对手做了哪些策略，哪些营销设计是受用户欢迎的，哪些策略有负面声音；再结合自身产品的特点，重整营销思路。这样，我们在相似营销选题下，就能获得更多的"前车之鉴"，为自己策划爆款营销服务。

3. 调研行业发展趋势

行业发展趋势是产品营销的指挥棒，营销思路要先于行业发展趋势，才能让用户对你的营销更感兴趣。具有前瞻性的营销内容契合爆款营销为用户提供实用价值、信息价值的特点，能更迅速地吸引用户的注意力。

对于行业发展趋势的调研，一方面可以从行业内部进行，从大数据收集、企业往期营销数据等内容中提取有用的信息；另一方面可以从互联网平台，如知乎、微博、抖音等平台上，收集行业领军人物的言论、网络舆论内容、官方政策相关内容等。从这些信息中提取行业发展趋势等相关内容，将其中最能引爆话题、引起讨论的观点和信息作为营销切入点。

总之，要想打造爆款营销内容，就要从营销第一步市场调研开始采用爆款思维来思考调研方向、调研目标、调研内容，并遵循爆款营销底层规律分析调研内容，找到最容易爆的营销方向作为切入点，才能游刃有余地打造爆款。

先策划品牌，再搞定营销策略

很多企业营销人员和自媒体从业者认为，要想做好一个品牌或者一个产品，关键要会营销，要先制定多样的营销策略，才有机会迅速地打造爆款，实现卖货增长和流量变现。

不可否认，确实有单个产品乃至品牌，因为营销做得好而一夜爆火，但仔细回想，一年下来，这样靠一次营销就一夜爆火的品牌或产品又有几个？而且，就算因为营销爆火，这些品牌和产品是不是没多久就销声匿迹，被大众遗忘了呢？它们被迅速遗忘的关键原因，就是忽视品牌策划，只做营销。

那么，什么是品牌策划？

所谓品牌策划，就是对品牌的定位和品牌的价值主张进行明确的规划，确定品牌要往什么方向发展，以及品牌未来营销的走向。只有先做好品牌策划，品牌的宣传、推广和营销才能更精准，品牌之下产品的包装和营销才能有所依托，目标更明确。

需要注意的是，品牌策划并不只针对大企业而言，中小企业乃至个人，都需要先进行品牌策划。比如，如果将自媒体人看作是一件产品的话，品牌策划则可以看作对自媒体人个体的包装，是对自媒体人的人物设定。一个人也可以是一个品牌，自媒体人的品牌，就是我们呈现给公众的印象标签，体现的是人的身份和价值。如果将品牌策划扩大到企业、产品，就能为企业和产品赋予辨识度，收获美誉。

那么，我们该如何进行品牌策划呢？

品牌解决的是产品影响力的问题，要想让产品在市场上保持更长久的生命力，收获更多的用户，就必须先策划品牌，再策划营销。品牌能增强产品的识别度，创造溢价，提高产品的信用度，并最终影响用户的购买决策。

品牌策划的基石是品牌与用户的关联度。在策划品牌时，我们可以从以下四个方面入手。

1.明确品牌定位

通过对用户的调研，结合品牌的发展目标，找到一个既符合用户印象又有利于自身发展的品牌定位，增强品牌的识别度。

2.注入品牌价值

所谓注入品牌价值，就是借品牌产品向用户提供的功能价值和精神价值，让品牌价值与用户心中的期待和需求进行联结，从用户的角度出发，为品牌赋能，创造品牌溢价。

3.树立品牌形象

一个品牌代表的是一个企业，以及一系列产品。所谓树立品牌形象，就是要塑造一个品牌在用户心中的形象，赋予品牌一定的性格，而品牌形象与品牌性格，要与目标用户相契合，才能吸引用户。

4.建立品牌关系

建立品牌关系，这里指的是建立品牌和用户之间的关系，明确品牌拥有什么样的角色和身份。它是用户生活中必不可少的亲切选择，还是特殊时刻的珍重选择或奖励？只有明确了品牌与用户的关系，才便于结合品牌特点制定营销策略。

先策划品牌再制定营销策略，目的就是让营销策略与品牌内涵、品牌价值和品牌调性保持和谐与统一。品牌解决的是影响力的问题，而营销解决的是竞争力的问题。先保证品牌影响力，拥有目标清晰、定位清晰、有影响力做背书的品牌，我们才能有计划地打出营销中产品策略、价格策略、渠道和推广策略这些"组合拳"，让营销思路更清晰。

当然，无论是品牌策划还是营销，落脚点都一定是用户。从用户视角出发，利用品牌定位、品牌形象、品牌价值等内核拉近用户与品牌和产品之间的关系，让你的营销策划为用户服务，才能真正做出适应市场需求，受用户喜爱的好营销。

第七章

好故事，成就好的营销策略

高端的营销，故事远比你想象的重要

　　故事营销是使用频率很高的一种营销方式。很多从事营销工作的人都知道，给品牌或产品附加一个特别的故事，能让品牌更受用户的喜爱，让产品大卖。

　　好故事，成就好的营销策略。这并不是因为故事本身多感人或多离奇，而是因为故事能为品牌或产品附加心理价值。借助故事的包装，用户对品牌和产品原有的印象会有所改变，并且会变得更好，这就是故事营销的作用。

1.故事营销的目的

　　故事营销，通常指的是以故事为载体进行商品包装，以促使用户购买的一种营销模式。故事营销中的情境描述能让用户的内心受到触动，感受到产品内核更崇高的理念，并赋予产品一定的价值观，使其在人们心中长存，并引起人们的讨论与传播。

　　从这个定义来看，故事营销和单纯为了产品讲故事存在很大区别。

故事营销带有明显的目的性。在进行故事营销时，你的故事要能包装产品，能赋予产品价值观、讨论度。但是，我们常常在营销中发现一个问题，因为故事营销的效果很好，所以无论什么产品都要讲一段故事，生硬地煽情，从而让故事营销变得没那么奏效了。那么，故事营销一定要有一个具体的故事吗？并不是。想要究其原因，就要先弄清故事营销的本质。

2.故事营销的实质

虽然我们将这种营销方式叫作故事营销，但营销的重点并不是故事，故事只是载体，即营销的重点是借故事为品牌或产品附加心理价值。心理价值的赋予才是故事营销的实质，是核心和关键。

就好比一个普通的蟠桃，拿给孩子，他可能觉得不好吃，但如果你告诉他，这个蟠桃和《西游记》里孙悟空大闹天宫前，在蟠桃园摘的桃子是同一种，孩子就会觉得桃子更好吃。这个过程并没有讲复杂的故事，只是简单地给蟠桃附加了一个心理价值，便导致孩子对蟠桃有了"滤镜"，认为桃子好吃，这就可视为故事营销。因为这一行为的实质，是在给桃子附加心理价值。

所以，故事营销并不是真的要求我们在策划营销方案时必须为品牌或者产品讲一个故事。营销策略可以是讲故事，也可以是改变产品的固有印象，或者是讲其他故事、传说、名人评价等内容，使之与品牌或产品联系起来，这些都是可行的方式。需要记住的一点是，营销策略的关键是为品牌或产品附加一个用户认可并追捧的心理价值，改变他们对品牌或产品的印象，这样你的营销才算是成功的。

有故事的营销，吸引群众，唤醒情感

因为故事营销的效果出众，近年来如何"讲故事"已经成为营销必修课。很多品牌都纷纷讲起了故事，这些故事或关于品牌本身，或关于产品背景，总之，都希望通过能让人听进去，能打动人，有情、有趣的故事，去唤醒用户的情感，强化用户对产品的喜爱和选择。

可以说，营销故事是向用户传达品牌精神的工具，让品牌和产品不再是冰冷、苍白的，而是有了更多的内涵，故事就是用户和产品之间建立情感联结的点。那么，该如何讲好品牌和产品的故事才能吸引用户，并唤醒他们内心的情感呢？让我们看看会讲故事的品牌是怎样营销的。

美团外卖在一段 TVC（商业电视广告）创意广告中给出了下面这条故事营销思路。

突然发现，

成长就是不断给生活增加新的收货地址。

…………

添加你的新地址，完成你的好故事。

这则广告用地址（大学宿舍、独居宿舍等）串联故事，每一次地址的变化都贴近一个人成长中最真实的状态，故事洞察力很强，在尊重事实的基础上，能把握主角每个成长阶段最真实的情绪，引发用户的共鸣。而在结尾处打出"您好，您的美团外卖"，将用户都经历过的生活情境，与以上一系列触动人心的地址故事相连，最后一句"成长新地址，总有好故事"给人以满满的正能量，激励人心。整个广告用地址串联故事，刚好印证了故事营销的本质——为品牌或产品附加心理值，使用户对品牌和产品有所改观。看完上面这个故事，你是否也被赋予了"向前走""变成好故事"的信心呢？从用户的情绪出发，这则广告讲的故事是我们很多人都见过、经历过的，所以更容易被记住。

由此可见，"情绪＋营销故事＝深入人心"。你的营销故事只有能唤醒用户的情感，才能有效地转化用户。

那么，该如何打造一个能有效调动用户情感的营销故事呢？我们可以按照下面的步骤来操作。

1.明确故事的主角

用户往往会跟随着故事主角的视角，也会把自身的情感投射到主角身上。为了激发用户的"代入感"，在设计营销故事时，主角不能是被讨厌的角色，最好能让用户一开始就发自内心地认同或者支持主角，这样你的故事营销才容易成功。为了实现这个效果，故事主角可以无限贴近用户的真实情况，让目标用户觉得故事里的主角就是他们自己。也可以将主角设定为一个优秀的人、目标用户向往的那类人，这样做也能获得用户的喜爱。

2.明确故事的主题

营销故事要有一个明确的主题，故事应围绕这个主题展开，主题就是故事设计的轨迹。有了主题之后，营销故事的素材、启发、感悟都要围绕这个主题。好的营销故事主题要能传递品牌文化和品牌态度，能表达用户的生活态度，勾起用户的情感回忆。

3.筛选营销故事的素材

营销故事的素材可以是品牌对产品的理念、坚持和思考，可以是品牌或产品的内涵、精神、相关典故，可以是品牌创始人的背景、经历或产品命名、研发过程，还可以是用户使用产品后的反馈、评价、改变等。

当明确以上提到的主角、主题、素材时，我们就可以用这些内容串联和设计营销故事。在故事中还原和塑造与产品相关的使用场景，增加用户关于产品的想象，用各种表达方式唤醒用户的感官，体现出品牌和产品想用户之所想、为用户创造幸福感的特点，在故事营销中唤醒用户的情绪，就能改变用户对品牌和产品的印象。

制造矛盾，增强营销故事的冲突性

讲故事是重要营销策略之一，要想讲好一个品牌故事，可以遵循一个最基本的故事营销公式：

好故事＝目标用户＋冲突＋解决方案＋与品牌／产品相关的美好联想

首先，我们讲一个营销故事时，要明确自己的目标用户，知道故事是讲给谁听的，才能有目的地把故事讲得有趣且具吸引力。其次，故事不能太平顺，没有波折的平淡故事就是流水账，好的营销故事要用矛盾冲突吸引用户的注意力，引起用户的猜想和关注。接着，要提出解决冲突的方案，这是展现产品和品牌特点、实力的关键。最后，好的营销故事一定要能给人以美好的联想，这份美好的联想，是用户看完故事后情绪价值方面的收获，也将成为推动用户日后购买产品和选择品牌的影响因素之一。

根据以上对故事营销公式的分析，你认为哪个环节是营销故事的关键呢？

答案是冲突。无论对故事本身而言，还是就刺激用户下单而言，冲突都是决定性因素。因为有冲突，营销故事才更具悬念，才能勾起用户的好奇心，让用户持续关注品牌和产品。因为有冲突，用户才会产生消费的欲望，开始关注和选择产品。所以，好的营销故事，一定是有冲突的，故事的冲突性越强，营销在吸引用户注意力、刺激消费、流量变现方面就越具有实力。

何谓营销中的冲突

所谓冲突，指的是对立的、互不相容的力量或者性质的互相干扰，包括观念、利益、意志等方面。比如，事业和家庭存在冲突，工作、学业和玩乐存在冲突，等等。

在营销中，冲突理论认为，用户的需求就是从冲突中来的。虽然人的需求是有限的，但是人的欲望是无限的。有限和无限之间存在冲突，越是存在冲突，就会有越来越多的需求，而有了冲突和需求，就需要有解决方案，而营销的根本，实际上是对用户冲突的解决。

所以，初级营销寻找冲突，高级营销制造冲突。只要你在故事营销中巧妙地制造冲突，帮用户发现他们的潜在需求，并用自己的产品为他们提供解决方案，你的故事营销就能俘获人心。

如何制造和加强营销故事的冲突性

1.找准目标，明确冲突

不同事件和条件在不同群体身上的矛盾和冲突情况是不同的。在构思营销故事时，要寻找具有强烈矛盾和冲突的目标用户，给冲突埋下合理的伏笔，才能彰显故事中冲突的张力，让解决问题变得更能打动用户，且让人印象深刻。

台湾地区大众银行曾发布过一则《梦骑士》广告，内容是5位平均年龄81岁的老人，骑着摩托车，用13天完成台湾环岛1139千米骑行的故事，这些老人这次骑行只为证明"人会老，梦想不可以"。原本骑行这种事并不具有强冲突性，但主角为平均年龄81岁且患病的老人时，就赋予了营销故事强烈的冲突感，也更能显示大众银行"不平凡的平凡大众"的品牌精神。

2.树立矛盾，用对比强化冲突

有时候用户可能根本意识不到自己需要某款产品，故事营销制造矛盾，是为了唤醒用户的需求。这时候，如果能用故事营销给用户创设一个具有强烈冲突的矛盾情境，让用户看到自己对产品的需求，就能促使他们选择品牌和产品。

比如，一个既远视又有老花眼的用户，以往总是使用两副眼镜，根据使用需求来回更换佩戴。这个人以前或许并没觉得使用两副眼镜有什么不方便，但我们可以在故事营销中给他设置一个在厨房做饭，一会儿需要近距离看菜谱，一会儿需要盯着花园里小孙子玩耍的情境，重点表现他来回更换眼镜手忙脚乱的状况，再切换至换了我们品牌的渐进多焦镜片后，一副眼镜兼顾看书本和户外，不再需要来回换眼镜的情境。这样的对比叙事强化了冲突，帮用户发现了需求，且展现了拥有这款产品后，从"坏情境"到"好情境"的变化，用户就会更加信任并选择这款产品。

五个选题方向，帮你讲出营销好故事

很多策划者在构思故事营销策略时灵感枯竭，不知道究竟该从哪个角度设计营销故事才能既吸引用户，又贴合品牌和产品。下面总结了一些营销故事的选题方向。

1.创始人经历相关故事

用创始人创业发家的相关经历进行故事营销，一方面能体现品牌和产品的真诚，另一方面也能提升品牌在用户心中的好感度，给用户留下可靠、专业、实力强的印象。

旺旺品牌就曾营销创始人蔡衍明的创业经历。创业初期的蔡衍明做生意曾亏损一个亿，受到众多亲朋好友的指责，只有爱犬黑皮始终陪伴着他。两年后，重整旗鼓的蔡衍明获得日本米果制造技术，又抓住营销时机，投放"你旺我旺大家旺"的广告，并宣称是自己的爱犬黑皮的自信、坚韧、敢拼鼓励自己振作起来的。蔡衍明的创业故事也成为后来用户谈起旺旺时津津乐道的话题。

2.具有传奇性的产品故事

以产品故事为营销点，能赋予产品更多神秘色彩、传奇色彩和历史感等，让用户因好奇心和新鲜感而对产品产生更多兴趣，对品牌的好感度和忠诚度也更高。比如，SK-Ⅱ在产品的故事营销中，说自己的产品是科学家在参观北海道一家清酒厂时，发现酿酒师傅虽然脸部粗糙且布满皱纹，但是手部皮肤光滑、细腻，由此发现清酒发酵液能让皮肤变年轻的功效，后来从清酒酵母中提取出特别成分，研发出SK-Ⅱ"神仙水"等产品。这个营销故事让很多用户深信不疑，成为SK-Ⅱ"神仙水"经久不衰的关键因素之一。可见，具有传奇色彩和真实感的产品故事，能收获用户的信任和青睐。

3.有底蕴和文化的历史故事

用历史故事做营销，能体现品牌和产品的悠久历史和文化底蕴。经过时间检验的品牌和产品，更容易给用户留下可靠、有效、值得信赖的印象。这样的故事营销如果做得好，就能树立品牌在业界相对权威的印象，稳固销量，并不断吸引新的用户。云南白药在营销中就曾以"保密配方"，抗战时期民间医生曲焕章用药方治疗刀枪创伤、跌打损伤，声名远扬，后来其妻子在1955年将药方献给云南省政府，该药方被列为国家保密配方等一系列故事为噱头，多年来一直被国人信赖和选择。

4.新闻或身边正在发生的真实事件

真实是最能打动人的故事营销手段。以新闻中发生过的真实事件，或者用户身边见过的真实事件、真实生活情境为营销故事内容，比其他故事更容易吸引用户，更能赢得用户的信任和认同，因为人们总是会对与自己相关的故事更感兴趣。比如，美团外卖在营销中用不同地址串联成长故事，引出美团外卖，就属于这类故事营销的思路。

5.概念再造

所谓概念再造，就是给品牌或产品赋予一个额外的、具有强辨识度的全新标签。比如，咖啡馆不只是买咖啡的地方，还是一个公共社交场所；江小白不只是白酒，而是青春酒，代表了年轻人的态度和情感；锐澳鸡尾酒不仅仅是气泡酒精饮料，还是一个人享受独处时光时喝的饮料，代表自洽、自乐、轻松。

以上这些都是进行故事营销时可以参考的选题方向，如果你正受故事营销的文案折磨，不妨从中选择一个方向，结合品牌和产品的特点，再挖掘目标用户的需求和痛点，用这些信息丰富你营销故事的内容，就一定会写出好的营销策划案的。

打造爆款营销故事的三个禁忌

　　每个品牌都有一段故事，每个营销故事都希望打造出一个爆款产品，但是故事易得，爆款难求。有时候如果操作不当，故事营销甚至会发挥反作用，拉低用户对品牌和产品的好感度，甚至让用户产生厌烦情绪。要想打造爆款营销故事，就不要触碰用户的禁忌，并且要搞清楚营销为什么需要故事，营销故事策划有哪些禁忌，如此才能游刃有余地做好故事营销。

我们为什么需要营销故事

　　前面我们说过，故事营销的作用是为品牌和产品附加心理价值，但这是从品牌需求角度出发的。品牌需要附加心理价值，用户有这个需求吗？实际上，所有人类都需要故事。畅销书《人类简史》中提出了这样一个观点：智人是唯一有想象力，能理解什么是虚构的物种。通过讲故事，人类能在社会组织中建立更多联系和合作关系，实现生产协作，所以，故事可以视作人类生存发展的关键因素。故事之所以能承担这一重任，最关键的一点是因为它可以传递信息和情感。

用户讨厌什么样的故事

1.缺乏情感，自嗨型故事

虽然人类与生俱来喜欢听故事，但人们对故事类型的需求却千差万别。人们听故事时很重要的一类需求，就是情感需求，希望从故事中获得情感的慰藉。故事营销中的故事也确实发挥着沟通品牌和用户之间情感的作用，故事能让用户看到品牌的内在精神。所以在讲营销故事时，一定要关注故事给用户带来的共情体验，不要忽视用户的感受。不懂得换位思考，没有情感交流的自嗨型营销故事，是不会被用户喜欢的。

2.理论和说教意味强的故事

故事营销的重点是与用户的内心和情感产生共鸣，带动用户的情绪，让用户参与到故事中，引导和说服用户下单。然而，用户喜欢听故事，却不会喜欢听理论，喜欢交流中带着感情，却不喜欢被指点和被说教。所以，故事营销中的故事一定要和用户产生共情，不要好为人师，不要单纯地讲理论。理论和说教一旦多了，就会给用户造成"忽悠人"的感觉，反而会让用户产生厌烦情绪，不愿意接近你的品牌和产品。

3.缺乏行动力的故事

一些品牌在进行故事营销时说得天花乱坠，在实际服务用户时，却不愿意去实现故事中承诺的产品品质、品牌理念，即无法用真实的行动为营销故事做支撑。这样就导致营销故事只是虚拟故事，只能吸引眼球，却不能留住用户，不能给品牌和产品带来真正的收益，反而会给用户留下不诚实、表里不一、品质差等不良印象。像苹果、迪士尼、迪奥这些品牌，用户之所以愿意花大价钱购买它们的产品，是因为这些品牌不但会讲故事，更能将营销故事中承诺的服务、倡导的精神付诸营销实践，表里如一地为用户提供产品和服务。

总之，自嗨、说教、缺乏行动力都是故事营销的禁忌。在实际策划故事营销时，我们要避免这些问题，才能让营销故事俘获人心。

第八章

会借势，让营销策略 1+1 > 2

抓住热点红利，戳中用户痛点

蹭热点是借势营销中很常见的一种方法。热点如果把握得好，就能让热点的红利和势能快速地转移到品牌和产品上，强化用户对品牌和产品的印象，但要是蹭得不好，也会面临失败的风险，甚至破坏自己的口碑。今天的品牌方在抓住热点红利方面都很有经验，下面就让我们看看它们是如何成功借势蹭热点的。

因为娃哈哈集团创始人宗庆后的离世，娃哈哈品牌的热度瞬间飙升，这个承载着几代国人共同回忆的品牌，霎时成为全国人民关注的热点。随着广大网友对娃哈哈各种饮料产品的回忆和追捧，咖啡界很多品牌开始坐不住了。这样火爆的热点，不借势营销一番简直是浪费好时机。于是，很多咖啡品牌为了蹭一波娃哈哈饮料的热度，纷纷给自己的咖啡"换原料"，有些品牌用娃哈哈营养快线制作 Dirty 咖啡；有些品牌将娃哈哈 AD 钙奶和冰美式结合，推出花式咖啡；还有一些咖啡品牌的营销更为大胆和直接，在 App 菜单上直接设置娃哈哈专区，并写出文案

"每个人的童年，都有一瓶娃哈哈"，以此纪念宗庆后老先生，也顺便带起一阵回忆潮，带着用户一起回忆童年时光。

这些借着娃哈哈品牌的东风出现的"娃哈哈咖啡"，不但利用娃哈哈品牌的热度，让用户将目光转向自己的产品，获得了销量和关注度方面的提升，还给自己的品牌和产品树立了有人情味、暖心的印象，赢得了用户的好感。

在营销中学会借势，抓住热点的红利，吸引用户的主动关注，已经不是营销领域的新鲜事。具体来说，在营销策略上，我们应该如何抓住热点红利，正确地蹭热点呢？

蹭热点的"三追"原则

1.行业热点必须追

同属饮料行业，咖啡产品选择追娃哈哈的热点，就非常恰当。而我们常见的明星热点，则适合美妆、服饰、运动等品牌来追。总之，相同或相近行业内的热点，一定不要放过。像瑞幸和蜜雪冰城这两个饮品品牌，就经常在对方出现热点话题或事件时去蹭热点营销，这种思路值得借鉴。

2.特殊节日的热点必须追

在特殊节日，品牌官方可以借节日气氛，营销与节日关联的产品。尤其是像情人节、母亲节、春节等国人重视的喜庆节日，更需要把握节日热点，制定营销策略，吸引用户的眼球。但是，对于一些严肃节日，我们不可硬蹭热度，否则可能适得其反。遇到严肃节日或者悲伤、纪念色彩较重的节日，发布低调纪念宣传来展示品牌正能量即可，切忌胡乱营销。

3. 符合目标用户审美喜好的热点必须追

蹭热点营销时，我们要考虑品牌和产品与热点的调性是否相符，避免因追热点而影响品牌的形象。尤其需要考虑品牌目标用户对热点新闻的关注和感兴趣的程度，要追符合目标用户审美喜好的热点。比如，肯德基的目标用户一般是青少年和年轻人，在蹭热点营销时，肯德基就经常会选择与动漫、游戏等相关的内容进行营销，这是因为这类内容受年轻人喜欢，更容易吸引年轻人的注意力。

热点"三不追"原则

蹭热点营销也要注意分寸，不是所有热点都能给品牌和产品带来积极的影响。下面这三类热点内容，在借势营销中不要触碰，否则很大概率会给品牌和产品带来负面的影响。

（1）不追与国家政策、国际政治、天灾人祸新闻相关的热点。

（2）不追法律法规、民事纠纷方面的热点。

（3）不追与品牌定位、产品定位相差太远的热点。比如，娃哈哈产品的热点，就不适合高科技电子产品或品牌去蹭，因为二者从市场定位到品牌印象都相去甚远，不适合结合在一起做营销。

把握热点红利，灵活地蹭热点，制定营销策略，是互联网时代借势营销的手段之一。然而，蹭热点做营销时，一定要把握好以上提到的原则，知道什么热点该利用，什么热点不能蹭，才能借好热点的东风，送自己的品牌和产品更上一层楼。

利用方言增进感情，拉近与用户的距离

无论是卖货文案还是营销策略，都不能脱离生活。一旦文案变得"高高在上"，用户就会因为距离感而疏远你的品牌和产品，产品和用户不能"亲近"，用户又怎么能痛快地掏腰包呢？所以，好的文案和营销一定是与用户贴近的，而将方言和地方文化加入营销策略中，则是增进用户情感，拉近产品与用户之间距离的最巧妙的方式之一。

比如，电视剧《乡村爱情 15》火了之后，大润发超市抓住该电视剧的热度，和《乡村爱情 15》联名推出了一系列带东北方言的烟火文学营销。

> 再狠的角也禁不起敲，
> 再刺的头也禁不起削。
>
> ——拍黄瓜

唠进人心的才是嗑，

甜进人心的才叫哥。

——黄桃罐头

这一系列营销中加入了东北方言，贴近用户的日常生活，不但增加了趣味性，还能拉近文案与超市用户之间的距离，让超市寻常的卖货宣传变得更"接地气"。大润发在此次营销中，还将《乡村爱情 15》中的主人公谢广坤、刘能、宋晓峰等人物形象做成 Q 版卡通人物配合东北烟火味道十足的方言文案，整个营销兼顾了产品特点、方言趣味、电视剧热点等多个元素，在东北话大流行的今天，迅速地俘获了用户的好感和关注度。

无独有偶，除了大润发超市这样接地气的品牌，以时尚、清新等标签著称的小红书，也做过方言主题的营销。在小红书重庆话题笔记——"分享你镜头里的重庆"营销活动中，一组重庆方言的海报就极大地提高了此次话题活动的营销热度。

霍得转，

是重庆人的卷。

（在重庆方言中，"霍得转"有两种意思，一种指的是在社会上混得不错，另一种则是指在锅碗里搅拌均匀。）

道路只分上下左右，

道理才讲正南齐北。

（在重庆方言中，"正南齐北"的意思是严肃认真，不开玩笑。）

勒是耙耳朵，

勒也是耙耳朵。

（"耙耳朵"既是一道川渝菜，也是川渝地区对那些怕老婆、"妻管严"的已婚男人的特有称呼。）

过去关于重庆的文案和营销中，出现最多的是"勒是雾都""重庆火锅""8D 山城"这些词，确实点出了重庆的特点，但用户看多了难免产生审美疲劳。上面这一系列营销策略则将"霍得转""耙耳朵"等重庆方言词汇融入文案，不但巧妙地写出重庆这座城市的特色与魅力，而且"接地气"又有"梗"，既能激起重庆本地人对家乡的亲切感情，又能勾起外地人对重庆的兴趣，很好地激发了小红书平台用户参与活动的热情。由此可见，利用方言和加入地方文化制定营销策略时，一定不能流于表面，不要写一些全国人民都耳熟能详的地方方言，这样会显得不地道，也不能真正打动用户。

方言营销好处多，在营销内容中融入方言，能增强用户的文化归属感，牵动他们内心情感的共鸣，同时也更容易帮品牌树立生动、幽默、亲切、立体的形象，让品牌营销独具特色，获得更多美誉，实现圈层的突破，加强地方用户与品牌之间的黏性。

那么，究竟该如何玩转方言营销，让方言在营销中显得好玩儿、亲切又"不土"呢？各位营销人员在策划方言营销时，应注意以下三点。

1. 避免方言中的小众陷阱

方言属于汉语的支流，但很多方言的用户群体较多，如东北方言、上海方言、四川方言等，在选择方言营销策略时，应该选择使用更广的方言，避免过度地标新立异。在方言文案的操作中，也要深度理解方言的内涵，挑选更容易被用户理解和共情的方言内容，最好选择能带来更多话题讨论的方言，切勿一知半解，乱用方言营销创作。

2. 场景营销要潮流

方言本就带着些许"土味"，在营销策划中，要注意对方言营销的场景进行设计，突出方言的幽默感和趣味性，加入一些艺术巧思去化解方言的"土味"，用反差感强化方言的生命力和震撼力。比如，优衣库就曾用一本正经的精致服装画面搭配方言配音，形成强烈的反差，并吸引了很多用户在网络上进行模仿或二次创作，成为营销的爆款。这就是方言和场景冲突造成的反差对用户的刺激和吸引。

3. 注意方言的文化内核和情感根源

使用方言营销策略一定要注意方言的文化内核，如果抛弃方言的文化内核，单纯地从美学、博眼球角度随意组合、化用方言，就可能伤害使用这种方言的用户的感情，产生负面的影响。所以，在运用方言进行营销策略包装和创作时，最好联系方言背后的地域文化，认同地缘同根用户的乡土情感，将这种感情根源融入营销中，才能引起用户的共情，收获用户的赞赏。

总之，用方言文化包装营销策略，能帮助品牌和产品快速地触动本土的用户，拉近品牌和产品与用户之间的距离，你的方言营销宣传越地道，用户也就越容易下单你的产品。

利用影视剧、小说等话题，
让营销自带热度

看影视剧时，我们都能在其中发现各类营销广告。有插播在影视剧中间的中插广告，由剧中演员推荐产品；有影视剧播放过程中的贴片广告，将剧情和产品关联起来，用简短文案抖机灵，宣传产品；还有直接将产品植入影视剧剧情中的植入广告，让产品或品牌在剧中呈现出来，吸引用户的眼球。

实际上，即使我们不想花费大价钱在影视剧中进行产品的营销，只要能抓住影视剧，甚至是热销小说等话题，做好相关话题的营销，也能让这些热门剧集、小说的流量为你所用，让你的产品营销自带热度。

何谓话题营销

品牌可以借话题本身的传播或者大众意见领袖的传播挑起大众的兴趣，大众用户因为兴趣，又会在社交媒体自发地产出与话题和产品相关的内容，之后这个话题通过互联网，在用户之间进行病毒式传播，产生话题讨论度，同时也给品牌和产品带来巨大的关注度，这就是话题营销。

话题营销的本质是口碑营销，自媒体力量和用户口口相传是品牌和产品热度提升的关键。在话题发酵、传播的过程中，更多潜在用户不断地被引入话题中，随着话题流量的提升，更多用户实现了转化，最终实现了营销的目的。

以2023年冬季长白山冰雪旅游项目的营销为例，此次营销就将长白山旅游景区与知名小说《盗墓笔记》中云顶天宫相关联，利用《盗墓笔记》广泛的读者基础炒作"长白山有没有云顶天宫"等话题，并同步修建"云顶天宫"的雪雕迎合话题营销，让这一话题在抖音等平台上的热度居高不下。不少小说粉丝和路人纷纷加入这场营销话题的讨论、转发、二次创作的大军中，给长白山旅游带来了巨大的关注度和客流量。

实际上，话题营销中融合了互动营销、口碑营销等营销策略，尤其是在与自带流量的影视剧、小说等内容结合后，更有意想不到的效果。那么，该如何策划好一场与影视剧、小说等内容相关的话题营销呢？

"出圈"话题的营销步骤

1.明确定位目标用户

在策划话题营销前，一定要明确营销的目标用户是哪些，对目标用户的特点、兴趣、关注点等都要有深入的了解，才能根据目标用户选择合适的策略，让营销更有针对性。比如，针对年轻人的品牌和产品，就要选择近期在年轻用户中话题度和关注度较高的内容去设计话题营销内容。

2. 话题设计要有传播潜力

话题营销中设计的话题一定要具有营销潜力。所谓营销潜力，指的是话题既要有可讨论性，能让用户感兴趣，又要让品牌和用户之间建立更深的联系，避免话题只是品牌的自娱自乐。

一般情况下，能结合目标用户的喜好，或者能抓住影视剧、小说"热梗"的话题，会更契合年轻用户的口味，激起他们的讨论。

3. 选好营销网络平台

蹭影视剧、小说流量的话题营销，主战场还是互联网，所以在选定话题之后，还要选择合适的网络平台投放营销的内容。微博、抖音、小红书等都是现在比较主流的营销阵地。但是，每个网络平台的用户习惯和平台氛围不同，话题讨论方向和效果也会有所不同。品牌在制定营销策略时，应事先摸清不同平台的特点，选择与品牌营销目标更契合的平台，也可以多平台同步营销，实现自媒体的矩阵联动，这样营销效果就会更加显著。

4. 后续话题要跟上

无论是借影视剧还是小说的热度，话题营销的关注度都会随着时间的推移而减弱。为了保证更持久的营销效果，在制定话题营销策略时，应该策划围绕一个主题的连续话题。当前面的话题热度下降时，品牌要立刻借其"余温"，推出后续话题，保证话题热度的持续性。让新话题继续为品牌和产品引流，巩固营销效果，并且进一步强化品牌的形象。

为"平凡生活"代言，让营销更接地气

在市场竞争异常激烈的时代，品牌和产品要想在众多竞争者中脱颖而出，就需要和用户建立更紧密的联系，使用户发自内心地喜爱品牌和产品。在以往的营销中，很多人营销策略的思路是玩噱头、玩新奇、表现"高大上"等，在营销中借热点之势，借新闻之势，借影视剧之势。这些营销思路虽然能吸睛，但在贴近用户这一点上，效果并不尽如人意。用户被你的营销吸引过来，却因为营销的距离感而无法下定购买的决心，这样你的营销目的并没有达到。

实际上，最值得用来借势的不是各种花式噱头，而是我们身边真实的日常生活。营销不能只展示"高高在上"的生活方式，能为"平凡生活"代言，投入生活的怀抱，策划充满人情味和"接地气"的营销，有时反而更能俘获用户的心。

滴滴出行就曾经策划了一系列非常贴近生活的广告，将使用滴滴的各种真实生活场景在广告中展示出来。以往打车软件的营销重点有打车快捷、平台优惠、提供优质服务等，而这次滴滴广告营销的重点却是贴近生活，贴心地展示软件最真实的人性化服务。宣传文案中说："抽不开身陪爸妈？为 TA 代叫滴滴，我们帮你照顾好。"广告揭示了每个平凡的普通人在生活中面临的真实问题，营销中的滴滴也不再单纯是一个打车软件，广告营造出一种懂得用户困境的贴心感，用一句问话引发用户的共鸣，回答展示的人性化服务又增加了用户对品牌的信任度。向平凡人展示普通生活，用产品服务为用户提供解决方案，这样平实、质朴的营销，让品牌自然融入用户的生活中，既满足了用户的需求，又能触发用户的情感。当品牌能与用户最日常的生活情感产生共鸣时，它就能收获用户的忠诚。

那么，在制定营销策略时，我们该如何投入生活的怀抱，为真实生活代言，打造更接地气的营销方案呢？下面三个生活化营销原则可供参考。

1. 洞察情绪，把握生活细节

贴近真实生活的营销，其关键是深入观察用户日常生活状态和情感需求，挖掘用户的内心世界，把握日常生活中用户的情绪和表达的细节，并将洞察所获与营销策略结合起来，让营销策略更好地满足普通用户生活中最细腻的情感需求。

比如，在大众旅行热潮下，美团酒店的营销广告《住着玩个遍》中，就结合当前旅行用户最真实的生活状态，展示"住着玩"模式下美团酒店的优势，将旅行中的山川湖海、音乐现场、星级酒店体验等内容加入广告中，演绎最贴近普通人的旅游状态，以及选择美团酒店后的美好旅行生活。同时，美团还用一则以"酒店拖鞋"为意象的广告，将旅行中的休闲时光和美团酒店串联起来，用拖鞋这个生活细节，治愈用户疲倦的心。

2.贴近生活，传递有用价值

与"平凡生活"对话的营销一定要贴近用户真实的生活，不能搞"悬浮"。在策划营销方案时，品牌可以从真实生活的角度展示和包装产品的服务性能和特点，让用户透过营销看到品牌和产品的有用价值。从这个角度切入营销，不但更有说服力，而且容易让用户发自内心地喜欢上品牌和产品。滴滴的营销，就是采用的这个思路。也就是说，你的营销内容为用户说话，为他们考虑，用户自然更倾向于选择你的品牌和产品。

3.走进生活，奔向用户

生活化营销在线下营销场景中的表现更为突出。为了让用户更直接地感受品牌和产品是在表达用户最真实的生活，可以将品牌或者产品元素融入特定生活场景中。利用场景的贴近性，让用户置身于营销场景中，用户就可以更直接地感受产品和品牌，看到产品和品牌的特点，这是生活化营销的有效方法。

比如，快手小店的菜市就做了一场"听蔬菜说句实在话"的营销，在菜市实地为蔬菜加上标语牌，例如生姜前立着"这是我为你打下的'姜'山"，大蒜前挂着"实在是该抹零的时候绝不装'蒜'"。在菜市场独特的场景中，为蔬菜加上贴近生活的表达，拉近蔬菜与用户的距离，不但让营销跳出常规，走进用户的日常生活，也因为幽默、接地气，为营销传播创造了条件。

如今，大众消费已经越来越趋于理性，过去浮夸的营销策略已经逐渐失去了用户的心。用户更向往贴近生活的触感和感情，因此你的营销策略也需要更生活化，融入平凡人的普通生活，拉近品牌、产品和用户的距离，走进用户的心中，这样你的营销才算成功。

善用联名的力量，营销收割跨界粉丝

在借势营销方面，联名营销已经成为常态，各种品牌和 IP 之间的花式联名让用户应接不暇。品牌方之所以喜欢联名营销这种方式，是因为可以更轻易地跨界收割流量。但是，众多联名营销，有些火爆出圈，有些毫无"水花"，有些甚至还会导致用户的反感，这是为什么呢？如何善用联名营销的力量，策划"出圈"的营销方案呢？首先，我们要清楚地了解什么是联名营销。

🖊何谓联名营销

两个或者多个品牌进行合作，共同推出一种产品或发起营销活动，被称为联名营销。联名一般可分为品牌和品牌之间联名，品牌和 IP 之间联名。

联名营销之所以受众多品牌的追捧，是因为这种营销策略的优势显而易见。通过和其他品牌进行合作，一是品牌可以借助合作伙伴的影响力和粉丝，提高品牌和产品的知名度、曝光率和影响力，而且这种合作给外界传递的信号是"品牌可信""品牌专业"，对增强品牌形象也有较大的帮助；二是联名给品牌和产品创造了更多的销售机会，无论是联名产生的新产品，还是品牌以往的产品，都会因联名的力量而获得更多的关注，联名营销成为跨界扩大市场份额和增加销售机会的好办法。

成功的联名营销有哪些策略

盘点市面上的联名营销，成功者不在少数，我们拆解这些案例，就可以窥见实用的联名营销策略。比如，2023 年瑞幸和茅台联名推出的"酱香拿铁"，就是一次非常成功的联名营销。

首先，瑞幸和茅台的这次联名营销，具有极大的反差感，一个是平价、快消的咖啡品牌，一个是象征高端的白酒品牌，品牌之间的反差感就先赚取了一波用户的期待。其次，瑞幸在营销过程中又发布了"酱香拿铁原料生产全记录"，目的就是证明瑞幸联名新品"酱香拿铁"里真有茅台，回应网友质疑的同时，再次吸引了用户的一波关注，并官方回应喝了酱香拿铁能否开车的问题，引起一波讨论和热议；再配合民警和交警现场测试这样的营销噱头，将瑞幸和茅台的联名活动推向高潮，让这次联名在舆论中持续发酵，传播话题的热度。并且，在瑞幸和茅台的这次联名中，瑞幸在价格策略上也赚足了眼球，"酱香拿铁"中真加茅台，却在价格方面保持低价，这也赢得了用户的一波好感。

分析以上瑞幸和茅台的联名，可以总结出联名营销的一些有效策略。

1.强强联合，让流量 1+1 > 2

强强联合的联名，才能让联名产品自带流量，为联名双方带来"1+1 > 2"的营销效果。所以在制定联名营销策略时，联名品牌或 IP 应至少有一方具有较高的流量和知名度，才能引爆销量。如果双方品牌都缺乏知名度，则联名的价值会极大地削弱。

2.精准定位，打入目标圈层

品牌联名的定位要精准，才能保证联名的效果。像上面的瑞幸咖啡，定位的目标人群是年轻用户，茅台近年来也希望开拓年轻用户的市场，两个品牌的目标圈层是重合的，则双方均能在营销中获利。近年来，肯德基曾与《原神》《逆水寒》等游戏联名，并取得了很好的营销业绩，也是因为肯德基与网络游戏的目标用户都是年轻用户，二者的目标用户重合。

3.制造话题，激发好奇

联名营销绝不是将两个品牌孤立地摆在一起，而是利用不同品牌之间的差异化、关联性制造话题，激发用户的好奇心和好感，才能在联名营销中获胜。像瑞幸和茅台的联名，因为咖啡和酒具有较大的差异性，且年轻用户品牌瑞幸和百年茅台的差异性也能造成强烈的反差，这样就能制造话题，激发用户的好奇心和讨论热度。另外，联名品牌之间的关联性也能制造话题。比如，美加净和大白兔的联名。护肤品和糖果本身没有关联，二者在用户心中却有"80后共同回忆"的关联，这种"回忆杀"的关联性在带给用户新鲜感的同时，也能给用户亲切感和安心感，用户自然乐意关注和选择产品。

4.花式"玩梗"，二次传播

如今，品牌营销的战场不仅在官方之间，移动互联网让用户也成为品牌营销的传播和推动者。联名营销先天具有收割双方品牌粉丝的优势，如果能在营销中贴近用户，花式造梗，让用户乐意参与到联名营销活动中，也能借用户之手，让联名营销内容在社交网络中进行二次传播，并且持续发酵。

比如，瑞幸和茅台的联名就在社交平台热议话题中造出"瑞幸真茅台""亲爱的雪，我已嫁入豪门"这些梗；肯德基和《逆水寒》的联名营销活动，则需要用户在肯德基点餐时喊出联名口号才能领取联名的周边产品，这一有趣又"尴尬"的环节被很多网友拍成短视频发到社交平台，又形成联名活动在互联网的二次传播与发酵。

从近几年各大品牌之间各种联名营销取得的效果来看，联名营销的未来仍大有可为，用户对各种联名还是十分期待的，只要我们针对产品定位、产品文化等特点，找到合适的品牌或者 IP 策划联名活动，我们的营销效果就能更上一层楼。

第九章

创新力，让营销策略
更有活力

制造反差感，从文字到形式的营销创新

一个营销策略是否奏效，要用营销带来的流量大小来衡量。好的营销能引爆流量，甚至出圈，在更广大的范围内造成影响，给品牌或产品带来持久的推力。但是，在如今市场同质化严重的趋势下，用户已经对商家层出不穷的营销产生了审美疲劳，寻常营销策略越来越难打动用户的心。要想营销奏效，制造反差感可以成为营销的全新思路。只要学会拿捏反差感，抓住用户的注意力，你的营销就能实现破圈传播。

过去的营销中，品牌习惯向用户投射品牌自认为理想的感觉，餐饮行业注重营销美味，奢侈品行业注重营销高端，快消品注重营销实惠。然而，在越来越聪明的用户面前，这些老旧的营销思路已经收效甚微，因为这样的营销没有记忆点，也无法引起用户的关注和兴趣。

"莱斯托夫效应"这一著名心理学理论表明，与众不同才能被人记住，印象深刻来自差异化。这个效应同样适用于营销领域。要想让用户选择你，就要让他们看到你的与众不同。在反差感营销的赛道上，卫龙品牌名列前茅，让我们看看这位辣条界营销鬼才是怎样在制造反差感上营销出圈的。

当年，苹果和华为双双在秋季召开新品发布会，吸引了一大批年轻用户的关注，零食品牌卫龙乘着手机发布会的东风，也带着自家主力产品卫龙辣条，开了一场"卫龙特别显眼"的发布会。

总结卫龙这次发布会在营销上的创新，关键就是从文案到营销形式，全面地制造反差感，给用户带来"居然还能这么玩儿"的惊讶和震撼。

辣条这种零食在用户以往的印象中，总是和低端、不健康、低价等标签捆绑在一起，但此次营销活动中，卫龙一反常态，先是模仿苹果手机的文案和设计风格，把辣条广告设计成简约的科技感风格，又在文案中将辣条对标友商苹果：

友商的产品，经过多年艰难的努力，也只不过从 3.5 寸憋到 6.7 寸，名号也不过从 S 升级到 Plus Max。

而咱们卫龙显眼包，一出场就是 XBag Plus Max Ultra So Big，35.5 英寸起，大到显眼。

反差感营销，实际上就是一个"撕破标签"的过程，你的营销策略要冲破用户的固有认知，反差越大越吸睛，拿捏了反差感，也就拿捏了用户。

具有创意的反差感营销，可以从以下四个方向去策划。

1.印象反差

用户经常会对一个品牌、一种产品产生固有印象，这些印象一旦成为标签，并不利于产品的销售。反差感营销就要制定一种打破用户内心固有印象的策略，给人创造耳目一新的感觉，引起话题和用户的兴趣。比如，卫龙对标苹果的高端科技感发布会，就属于印象反差式营销策略。

2. 场景反差

场景反差营销，让产品出现在用户一般印象里它们不该出现的场景中，让产品成为这个场景中特立独行的"显眼包"，自然能吸引用户的关注，带来话题，甚至实现出圈的营销效果。

比如，让高端红酒出现在深夜的路边烧烤摊上，让奶茶甜品出现在健身房肌肉猛男的手里，让奢侈品出现在烟火气十足的菜市场里，这些都属于场景反差营销，有引爆流量和话题的潜力。

3. 预期反差

在消费过程中，用户都会有一定的预期，当你的产品能满足用户的预期时，并不足以触动用户消费，引爆流量，但当你的产品远远超过用户的预期时，则能引起话题和讨论。

比如，"9块钱在海底捞吃到饱"这个营销主题，就是用预期反差吸引用户的。海底捞一贯的标签是极致服务和价格贵，9块钱吃到饱就成为让人惊讶的反差主题，用户未必会按照9块钱攻略去吃海底捞，但是会引起用户想要尝试的欲望。

4. 推广反差

用户大多已经习惯了品牌的产品"自吹自擂"式营销，如果你的营销策略和传统营销对着干，别人自夸，我自揭其短，别人使劲"卷"，我选择"躺平"，也会收到意想不到的效果。

比如，餐饮行业常会营销物美价廉，你就营销"很贵但好吃，你来试试也不亏"，别人的炸串店如果营销新鲜、美味、优质，你就营销"大量淀粉和一点点儿鸡肉""半成品但是不贵"等，反而能让用户觉得你说的都是"大实话"，吃得更踏实。

　　营销策略中的反差感的制造，关键在于出其不意，违背预期，给用户制造情绪的波动。但需要注意的是，无论是文案还是营销形式，你营销的反差一定要适度，过于不切实际的反差不可取，反而会招致用户的反感。

"玩梗"营销，洞察年轻人的生活哲学

"在未来社会，每个人都可能在 15 分钟内出名，并有机会出名 15 分钟。"这是美国艺术家安迪·沃霍尔说过的一句话，而这句话在互联网成为人们获取信息和分享生活的主流渠道的如今，正在成为现实。

如今，品牌营销的主流渠道已经从过去广播、电视、报纸等传统战场转至互联网平台，在信息传播链中，用户已经成为必不可少的一环。过去，用户只是营销策略和品牌声音的接收者，而今天，随着移动互联网的发展，用户也可以是品牌营销声音的制造者和传播者。尤其是年轻人群体，他们善于从生活中挖掘新思想，创造新名词，甚至在品牌营销中，年轻用户比官方更会"玩梗"。所以，在品牌营销已不再是单向输出的今天，洞察年轻人的生活哲学，让年轻人参与到品牌营销中，实现品牌与用户的双向奔赴，才是提升营销效果的关键。

在洞察年轻人的生活哲学，用"玩梗"为品牌营销赋予创新活力方面，麦当劳在各大社交媒体上的舆论营销，可谓教科书一般的存在，值得我们学习和借鉴。

2023 年，各大网络社交平台上，"麦门文学"的传播异常火热。"麦门文学"里的"麦门"是互联网年轻人对"麦当劳忠实门徒"的简称，这个称呼属于衍生梗。互联网年轻用户还用玩笑的口吻，为喜欢麦当劳的人取了一个共同的名字：麦门信徒。意思是，他们会无条件地拥护麦当劳的决定，热爱麦当劳的美食，将吃麦当劳作为一种荣耀等。

虽然"麦门"和"麦门信徒"这些"梗"最初是网友自创还是麦当劳官方的营销，已不可考证，但麦当劳在营销中无疑接住了这个"梗"，在后续各大网络社交平台对用户的回复中，都贯彻了"麦门文学"的风格，陪着网友大方"玩梗"。甚至在官方广告中还有改编的《麦当劳之歌》，写出"麦当劳汉堡，好好好；麦当劳薯条，条条条"这样有趣的歌词，被用户戏称为"麦门国歌"。麦当劳在官方广告和社交平台互动回复的这些内容，为"麦门信徒""玩梗"创造了更多物料，也让"麦门"这个"梗"愈玩愈火，在互联网上持续掀起用户对麦当劳的追捧风潮。

为什么"玩梗"能让麦当劳营销的热度持续走高呢？其实是因为麦当劳那些朗朗上口的有趣广告，以及网络社交平台上，官方回复时直白而浮夸的情绪表达，为年轻人不断提供"新梗"，贴近年轻人的网络社交生活方式，为他们提供了自我表达的渠道，也提供了新奇、有趣的身份认同感。

在创意营销方面，"玩梗"营销如果操作得好，就能让你的营销获得持续的热度，因为网络用户就是你的营销推手，能让你的营销一直保持活力。要想创造网络"热梗"，玩转"玩梗"营销，我们可以做好以下三点。

1. 保持正能量，但不用太正经

如今，在年轻人普遍焦虑的社会氛围下，他们不喜欢过于严肃的营销，但又希望能在参与其中时获得更多正能量。所以，我们只要立足以人为本的生活哲学，在"玩梗"营销中加入更多积极、有趣的内容，给年轻人提供表达的出口，为他们赋予更多正能量，就能更好地俘获年轻人的心。

2. "玩梗"要体现反差，营销敢于自嘲

自嘲已经成为今天互联网年轻人进行自我安慰获得快乐的来源。"玩梗"营销要保持品牌态度，借鉴年轻人在自嘲中注入生活动力的新型生活哲学，用反差感制造"玩梗"营销的趣味性。比如，麦当劳在某条回复中说："建议以后购买麦区房，一早吃到猪柳蛋麦满分，好幸福啊！"将"学区房"置换为"麦区房"，创造反差对比感，既让"打工人"会心一笑，有了生活动力，也贴近用户的生活场景，增加了"热梗"的亲切感。

3. 贴近热点，关联品牌造"梗"

贴近热点话题，结合热点创造与品牌关联的"梗"，也是"玩梗"营销中很好用的方法。有热点时可以贴近热点造"梗"，比如，在世界杯期间，球队之间的对决就可以类比麦当劳不同汉堡口味之间的比拼，美味难分伯仲，看"麦门信徒"的喜好。而在没有热点时，贴近节日或者创造节日造"梗"，也是有效的策略。比如，麦当劳曾在 3 月 14 日，结合圆周率自创"π 节""派 Day"，宣传麦当劳各种派产品，营销"吃派就对"口号，堪称贴近热点造"梗"，用创意营销"玩梗"的教科书级别的典范。

好的创意营销策略，需要我们洞察年轻人的生活哲学和语言模式，

为品牌赋予有趣、爱玩、个性化、玩得起的特质，积极创造具有社会认同感的"热梗"，这样品牌和产品就能搭上创意"热梗"的"顺风车"，实现口碑和销量的双丰收。

加上"时效性"，用时间加强新鲜和紧迫

"限时"是营销策略中很常见的一种操作方法，在营销落地执行中效果显著。给营销策略加上"时效性"有诸多好处，一方面可以增加营销事件的紧迫感，给用户带来一定的心理压力，造成"不抓紧参与，就会抢不到"的迫切心态；另一方面能显示产品的稀缺性和新鲜感，只在限定时间内才能获得，让用户产生好奇、抢鲜的心态，自然会更关注营销的内容。

然而，任何一种营销策略都不可能适用于所有场合。在铺天盖地的价格营销中，用户对限时优惠、限时抢购的营销策略早就习以为常，连"双11"这种大促都很难打动用户的心。单纯在价格营销层面加上时间限制，用秒杀、促销等方式进行营销，已经难以吸引用户。今天的用户需要更具新鲜感和冲击力的"时效性"营销方式。下面就给大家提供一种从"时效性"角度出发，更具新鲜感和吸引力的营销策略——玩转特别限定款。

在年轻人逐渐成为市场消费主力军的时代，"特别限定"产品正成为用户心中新的宠儿。万物皆可限定，尤其是在饮料、甜品、美妆等市场中，季节限定款更受用户的喜爱。春天限定"樱花季"，夏天限定"冰镇西瓜"清爽味，秋天有"第一杯奶茶"，冬天还有文艺浪漫热红酒，总之，一年四季都可以随时令变化推出各种限定款。抛开季节限定，各大美妆品牌也热衷于推出周年限定款、节日限定款或各种系列限定款；服装、鞋子、背包等品牌也会推出限量款产品，刺激用户的购物热情，营造一货难求的市场景象。

实际上，这些"特别限定"的营销，或从时间角度限定，或从产品数量限定，或在产品款式、内容上做出限定，核心都是在营销一种"错过不再来"的稀缺性和新鲜感，借此给用户营造出压迫感和紧张感。

认清"特别限定"营销思路的底层逻辑后，该如何突出重围制定更吸睛的限定营销策略呢？下面分享玩转"特别限定"营销的三个关键招数。

1.营销美好寓意，自带"爆梗DNA"

要想把限定款营销玩出花样，限定营销噱头就要有足够美好的寓意，能带给用户积极、正向的情绪价值和能量。比如，秋季是柿子成熟的季节，此时推出柿子类饮品，将"柿柿如意"这样美好的寓意赋予季节限定饮品，用户出于对生活的美好期盼和寻好彩头的心理，也会更关注这款饮品。

另外，也可以用"谐音梗"等方式赋予限定产品"爆梗DNA"，比如，有甜品品牌推出系列周边产品，产品印有"柿你的包""你没柿吧"这种年轻人更懂的"梗"，季节限定产品自带幽默"梗属性"，拉近了用户与产品之间距离的同时，也实现了品牌和产品的年轻化表达。

2.产品设计突出限定的特别性

如今的用户都是"颜控"，他们关注特别限定活动，自然希望获得颜值和功能都与以往不同的产品。在以"限定"为噱头做营销时，一定要注意满足用户这方面的需求。你的限定产品越具有视觉冲击力，越能为营销带来流量，也就越能加强限定活动的时效性给用户带来的紧迫感。

3.高话题度，让用户能参与互动

限定营销活动的稀缺性总能刺激用户下单的欲望，在策划限定类营销内容时，除了对限定时间、限定内容特色的把握，还要考虑到如今年轻用户"打卡"、社交媒体分享的需求，主动策划一些具有话题度的词条，设计能提高"出片率"的"打卡"内容和形式，让营销内容更具有话题度，能让用户在社交媒体上进行二次讨论。这不但能拉高营销的情感价值，而且能扩大营销活动的后续发酵的潜力。

比如，如今很多品牌会选择线下"快闪"营销模式，营销时间短而快，地点随机，以活动形式新奇为主要卖点。这也是限定营销的一种方式，而且这种营销形式更受年轻人的喜欢，能在小范围内瞬时产生话题度，是品牌试水、强化品牌与用户互动、增加用户"打卡"场景的有效方式。

如今的营销策略要更贴近年轻用户的喜好，只有抓住年轻市场的品牌，才能抓住未来。限定营销也不该拘泥于特价、秒杀这种传统的策略，能让用户觉得新鲜的营销策略，才能最终抢占市场份额。

寻找新角度，意想不到的方向更好卖货

一提到营销创新，很多营销人都会感到力不从心，似乎所有新奇、有趣的营销方法都被别人用过了，怎么做营销策略都会显得平平无奇。当我们苦于想不出有新意的营销策略时，不妨寻找一些全新的角度，从让人意想不到的方向做营销，即让用户感到惊讶，营销就能顺势收割流量和销量。

比如曾经网络上很火的"东西不按说明书用，竟然意外地好用"话题之下，食堂饭桶可以当作几百块钱的泡脚桶的平价替代品，这一出其不意的方向瞬间引爆网络热议：饭桶也是桶，为什么不能泡脚呢？

要想策划出角度创新的营销方案，我们要注意以下三个方面。

1. 角度创新要在意料之外，情理之中

创意营销要想出效果，需依托现有的话题、热点等的关注度，用借力打力的方式，顺水推舟地做营销。比如，Airbnb 作为住宿分享平台，曾推出了"Don't Go There, Live There"这一全球宣传活动。该活动巧

妙地利用了人们日益增长的旅行和文化探索需求这一热点话题。活动没有停留在提供住宿的层面，而是提出了一个全新的旅行理念——"不要只是去那里，要在那里生活"。

在传统的旅游营销中，品牌往往强调目的地的美景、活动或住宿的舒适性，Airbnb却选择了一个截然不同的角度，即强调"生活"在旅行中的重要性。这一理念打破了人们对于旅行的常规认知，让消费者感到新颖和意外。然而，这一理念又是完全合乎情理的。随着人们对旅行品质要求的提高，越来越多的人不再满足于走马观花式的游览，而是希望更深入地体验当地文化，与当地人交流，真正融入当地生活。Airbnb的这一理念正好契合了这一需求，能让人们在旅行中找到归属感和真实感。

为了推广这一理念，Airbnb策划了一系列视频广告和线下活动。这些活动不仅展示了Airbnb房源的独特性和多样性，还通过真实用户的故事和体验，传递了"在那里生活"的美好和感动。同时，Airbnb还利用社交媒体等渠道与用户进行互动，分享更多关于旅行的灵感和故事，进一步扩大了活动的影响力。

通过这样的创意营销活动，Airbnb不仅成功吸引了用户的眼球，还成功地将自己的品牌理念与用户的需求紧密联系在一起，提升了品牌的知名度和用户的忠诚度。

Airbnb全球宣传活动充分展示了如何在意料之外的角度进行创新，同时保持情理之中的逻辑和合理性，以及如何借助现有话题和热点来推动营销活动的效果。

2.产品功能属性再延伸，要抓住用户的痛点

在策划营销方案的时候，无论多新奇的创意和使用方法，都需要贴

合产品的功能属性，不能悬浮于产品之上讲创意、讲痛点。创意要为产品服务，而非只为话题服务。比如，饭桶泡脚的营销创意，就是对饭桶这一产品保温、大容量功能的延伸使用，抓的是用户找平价替代品，求实惠的心理痛点，所以能在网络上引起热议，并带来关注和销量。

3. 注意力时代，话题度是营销的底层逻辑

如今，谁能抢占用户的注意力，谁就能获得销量。注意力时代，营销产品不如营销话题，为品牌或产品赋予一个，甚至多个可以讨论的话题点，才能引起用户的好奇心和关注。所以，用出其不意的产品，给营销创造话题，引起讨论，才能吸引用户的注意力，唤醒用户的消费欲。比如，杜蕾斯曾推出了一系列和品牌关联度很高的文创地毯、鼠标、手机壳等周边产品，这些周边产品虽然不是杜蕾斯产品的主力军，但能给品牌带来话题度。毕竟，计生用品品牌卖地毯，这样让人意想不到的事，天然就具有话题讨论度。

创意营销策略其实并不难，只要你不受固有的思维禁锢，积极探索产品和品牌的延伸功能、延伸市场，然后用"离谱"但又很合理的营销视角把产品带到用户面前，他们就会乐意关注和讨论，并最终购买你的产品。

创造陌生感，用少见文案为营销策略吸睛

文案是营销策略的重要组成部分，不仅可以奠定营销的基调，吸引用户的注意力，还能引发话题讨论，前提是，这个文案能让用户眼前一亮，能让他们享受到"再创造"的审美快感。

好文案和好营销都要学会创造陌生感。用户看惯了千篇一律的广告用词和乏善可陈的老旧营销噱头，那些传统的、常规的文案和营销已经无法刺激他们的眼球和大脑了。走在大街上，可以看到卖酒品牌在彰显"醇品人生"，冰激凌品牌在突出"甜蜜清凉"。这些千篇一律的文案和营销噱头毫无惊喜，使得用户不想浪费哪怕一秒钟驻足。你的文案或营销噱头只有让用户在看到它的第一眼，就产生拍案叫绝的感慨，"居然还能这样造句"，才算是成功。

用文案创造营销策略中的陌生感，无疑是成本最低，也最简单快捷的方式。想用少见文案为营销策略吸睛，不妨尝试以下三种方法。

文字陌生化

1.名词前加上动词

很多人在创作文案时会忽视动词的重要性，习惯用名词和形容词排列组合的方式创作文案，这就很容易让文案变得平庸且缺少活力，而出其不意地使用动词，能打破名词和形容词组合那种乏味的秩序感，让用户眼前一亮。

2.减少使用形容词

减少文案中形容词出现的频率，用陌生的词语组合来描述产品的使用感，也能带来意想不到的宣传效果，提高用户对产品的好感度。

比如，一些冰激凌营销文案以"甜蜜""冰凉""浓郁""夏日选择"等为产品的卖点，写法是"一口甜蜜，解锁清凉夏天"，用常规的形容词来包装冰激凌，这就显得平平无奇，属于缺少记忆点的营销文案。如果换个写法，改成"为了夏天这口甜，我愿意推翻春天"，相比"清凉夏天"，"推翻春天"这个组合抛开了累赘的形容词，具有较强的陌生感，这就是能吸引用户，便于从中发散营销点，挖掘产品升级营销方案的好文案。

场景陌生化

将营销文案进行场景陌生化处理，能带给用户全新的联想，勾起用户的关注和购买冲动。比如，大润发就曾用场景陌生化方法策划过一系列营销文案：

特价蔬菜 去上班吧，去上身价一块五一斤的班。

香蕉 没熟的香蕉就像项目，放一放就黄了。

营销文案将菜市场和职场这两个陌生场景组合在一起，将蔬菜比作"打工人"，让用户看到文案时不禁惊呼："我的职场'嘴替'来了！"这样场景陌生感的碰撞，更容易在一众产品中吸引用户的注意力，收获销量。

✏️ 观点陌生化

在营销文案中加入陌生的观点，反其道而行，也能抓住用户的注意力，获得流量和销量。别人是"自古逢秋悲寂寥"，你却要"我言秋日胜春朝"，在输出陌生观点时加入对人生的思考和一定的哲理，以此来支撑你的观点，让用户感受到你独特的洞察力，最好让陌生观点戳中用户内心所想，却一直没有说出来的观点，这样你的营销就成功了。

比如，社交 App 陌陌就曾在文案营销中说："世间所有的内向，都是聊错了对象。"

这样的文案营销角度出其不意，又很符合内向人群的内心所想，让用户产生"我在陌陌上也许能找到正确的对象"的期待，从而达成推广产品的目的。这就是陌生观点营销产生的巨大力量。

用户都希望在一成不变的生活里看到一些改变，你的营销文案如果能让用户看到或感受到这种改变，带给他们意料之外的温情观点，那就会吸引目标用户成为你品牌的忠诚用户。

第十章

自媒体营销策略

小红书营销：
九大营销赛道，找准你的营销方向

　　小红书作为主流自媒体平台，吸引了众多商家和自媒体人将目光聚焦在小红书平台的营销上。他们都希望通过营销打造爆款产品，从而一战成名。当然，小红书平台的营销策略不是三言两语就能讲透的，但对小红书平台的新手博主或官方营销者而言，只要搞懂小红书平台不同营销赛道的基础营销思路，找准自己的营销方向，就能取得不错的营销效果。下面我们就从九个方面来盘点小红书平台不同营销赛道的关键营销策略。

　　1.时尚穿搭博主的营销策略

　　时尚穿搭是小红书平台比较火的赛道，受关注多，竞争也比较激烈。进行内容营销时，除了要紧跟时尚潮流，走在用户审美的前沿，还要包装有主题、有话题的营销内容，并且要让营销主题贴近生活、潮流、明星等关键标签。比如，可以按照服装颜色、风格、穿着场景策划主题，也可以以季节穿搭、明星私服模仿为主题策划营销内容。选题越个性鲜明，越贴近潮流前沿，就越能收获用户的关注，从而获得营销上的成功。

2.美妆护肤博主的营销策略

美妆赛道和时尚穿搭相似，营销的关键是突出特色和差异化，营销策略则可以走"细分＋个性"的路线，横向细分，纵向深挖用户的痛点，营销主题和使用场景打造得越细，越具有目标针对性，营销效果就越好。比如，别人做奶茶色系口红盘点，你就做最适合夏季约会妆的奶茶色口红推荐。总的来说就是，只需做好场景精细化主题，就能比他人的营销更见效果。

3.运动健身博主的营销策略

这类博主在营销策略上，可以将运动健身与养生、饮食、知识科普等内容结合起来，将"日常＋真实效果"作为营销思路，推荐的内容要在细化的基础上更符合日常跟练的需求，并用真实的效果作为营销的吸睛点，用事实和数据打动目标用户。

4.美食测评博主的营销策略

美食测评博主的营销核心其实并不是吃了什么，而是要营销出吃的过程中的新奇、满足、快乐、享受等感觉，让用户产生一探究竟和向往的心态。所以，这类博主在营销中可以创意美食测评、新鲜美食探店、乐享美食 Vlog、挖掘自制花式美食为主题思路，确定营销的重点。

5.家居博主的营销策略

家居博主在营销中可以多创作好物分类、多主题下的好物分享等内容，用各种家居环境的视觉冲击吸引用户的眼球，借改变生活、改变生活方式的好物分享，刺激当下对自己的生活现状不满的用户。

6. 教育和知识类博主的营销策略

这类博主在小红书平台营销中，关键词是"提供干货"。要想用户关注你的营销内容和产品，你的营销就要对用户有利，在逐利心理的作用下，用户就会更积极地关注和追捧你的营销内容。这类赛道中的营销可以更简单、直接，以分享知识干货、分享教育资源等方式推进。

7. 职场博主的营销策略

职场博主在小红书平台的营销策略的关键是"解决问题＋提供情绪价值"。虽然当前职场类内容在小红书平台越来越细化、越来越丰富，但浏览这类内容的目标用户并没有太大变化，一方面要为用户在工作中的难题找到解决办法，另一方面要为用户职场中的各种经历和情绪需要提供分享、排解的出口。职场博主在营销中需把握上面两个关键点，即你的内容能否帮职场人士解决具体的问题，能否给职场人士提供良好的情绪价值。能满足这两点，营销就能收获不错的效果。

8. 文化、读书博主的营销策略

这类博主的用户大都是有一定文化底蕴和见解的人，要想俘获这类人的心，就要表现得比他们更博学多才，或能与之志同道合。所以，营销的重点是借助故事营销的思路，多输出个性化观点、阅读总结金句。

9. 生活 Vlog 分享博主的营销策略

这类博主日常发布的内容比较随机，不适合从内容上做营销，生活 Vlog 博主的主要吸引力来自博主的人设。在营销中，策划内容不如策划人设。要给自己设计具有辨识度的鲜明人设，再配以生活化的不同主题，主题 Vlog 是载体，打造人设是核心，这样就能让用户看到你的亮点和价值。

抖音营销：
选题四原则——短视频营销秘诀

营销爆款短视频的关键是选题，选题越贴近用户，主题越鲜明，越能够为用户提供有用、有趣的信息，那么短视频就越能吸引用户的注意力。抖音平台的短视频营销，无论短视频内容属于哪个领域，在策划选题时只要坚持以下四个原则，就能取得更好的营销效果。

1.用户中心原则，强调内容的垂直度

随着短视频市场竞争日益激烈，用户对短视频质量的要求越来越高，在策划短视频营销时，一定要以用户为中心，紧跟用户的需求和偏好设计短视频内容，选题要符合抖音账号自身的定位，定位越清晰的账号和选题，越容易吸引目标用户的关注。在营销中保证内容的垂直度，不但能提高用户的黏性，而且能提升自身账号在某一专业领域的影响力，树立更权威的形象。

2.内容创新，重视正能量价值输出

虽然短视频的内容如何才算创新并不好界定，但观察和分析抖音平台上爆火的短视频内容，就可以发现它们都角度新颖，独树一帜，大都能输出有价值的、正能量的观点。在短视频营销中，要注意从选题内容方面输出更多有价值的信息，有观点、有态度的正能量内容更容易获得用户的转发、评论和点赞，这些行为都能促进视频传播的裂变，扩大营销效果。

3.紧跟热点，避免违规

蹭热点是重要的营销策略之一，在抖音平台也一样适用。在做营销策划时，应时刻保持对新闻、热点事件的敏感度，善于捕捉、分析、解构这些热点，并在短时间内对这些信息进行利用和创作，这样就能借热点的东风，轻松获得流量。但是，蹭热点营销时也要符合平台的管理制度，避免因敏感词或违规操作而封号，让营销得不偿失。

4.注重互动，加强用户的参与感和互动性

在抖音这样具有社交属性的短视频平台，要想制定出爆款的营销策略，就要注重用户的参与感和互动性。在营销选题阶段，应尽量选择一些互动性强的内容，如亲子教育、婚姻家庭、体育赛事等话题都贴近人们的生活，又有较高的话题讨论度和参与度。这种强参与性的话题不但能获得流量，而且能得到平台的推荐和扶持，是很重要的营销策略方向。

总而言之，关于抖音短视频账号的营销，把握选题是关键。遵循以上四个原则，随时关注互联网环境的变化，紧跟潮流和用户反馈来营销选题，就能高效地进行抖音平台账号的营销。

知乎营销：
打造内容吸引力，让内容升值变现

　　"有问题，就会有答案"是知乎的广告语，它使用户形成了知乎是搜索解答更专业的问题，交流专业知识的平台的观点。实际上，相较于小红书和抖音这类平台，知乎上的博主确实更注重专业性和知识性，知识在知乎平台可以直接变现。对于知乎的营销，很多人存在一定的误解，只有消除对知乎营销的误解，明白知乎内容营销的底层逻辑，我们才能知道如何营销自己在知乎平台上的内容，增强内容的吸引力，实现内容变现的目标。

知乎营销的常见误区

1.知乎不能带货

　　知乎平台也有链路开放功能，是可以带货的。与其他平台的区别在于，知乎平台的带货类型要更贴近知乎用户的习惯，产品的实力更高一些，因为平台用户的视野和要求本身比较高。

2.知乎营销中内容铺陈越多越好

虽然知乎看重内容，但并不推崇内容的量，而是推崇内容的质，关键看内容长尾流量效果。所以，在知乎营销中，我们并不能以内容的量取胜，关键还是要内容质量过硬，才能得到用户的认可。

3.知乎只能做搜索场景营销

确实，知乎平台上特定场景的搜索和推荐阅读比较多，但推荐和热榜也有可能成为内容的爆点。所以，做好场景营销，就可能在知乎平台占据优势。

通过对以上知乎平台营销常见误区的分析，我们可以总结出几点：要想在知乎平台营销更有变现潜力的内容，就要保证选品符合平台的调性，质量较高，内容场景感和策略干货要多一些。

那么，知乎平台内容营销的底层逻辑究竟是什么呢？

知乎内容营销的底层逻辑

知乎和小红书这两个平台营销的底层逻辑相似，都是以"利他"为主。用户借助平台能获得帮助、解决问题、开阔眼界、产生共鸣，这就是用户选择知乎的理由。所以，要在知乎平台做内容营销和打造内容吸引力，知乎博主只要能遵循"利他"这个原则，为他人提供解决问题、开阔眼界、情感共鸣的体验，就能实现内容直接升值变现的目标。

知乎内容营销的策略

1.塑造专业形象

知乎平台的用户以高学历、强专业能力的人群为主，所以在知乎上做内容营销，首先要以专业的形象，展示自己能提供高质量、专业内容的实力。通过在知乎平台上高频、高质量回答问题，撰写文章，都能塑造自己的专业形象，为后续内容营销和变现打好基础。

2.精选热门话题，吸引流量

与其他社交网络平台一样，知乎平台要想营销变现，也要先获得流量。内容至上的平台，依然遵循流量为王的规律。可以选择与自己账号专业领域相关的话题进行回复和分享见解，逐渐吸引更多用户关注自己的回答和主页，积累流量和曝光度后，才可能实现后续内容的变现。

3.加强与平台用户的互动

知乎平台更注重用户之间的交流，尤其是知识和高质量内容的交流。在养号过程中，要多与平台用户互动，在交流中积累粉丝，吸引平台更多用户的关注和信任。获得的信任和关注越多，后续发起内容变现越可行。

4.撰写话题度高且内容过硬的优质文章，实现内容变现

前期通过塑造形象、发布专业优质内容、高频地与用户互动和吸粉获取信任，我们已经完成了知乎平台营销的基本准备工作。下一步就是选择话题度高的内容，输出优质的文章，参与知乎平台的赞赏功能、品牌任务、知乎严选内测等，创作内容获得收益，让优质内容在知乎上直接变现。

知乎平台的特点决定了知乎内容营销变现相对较慢，但摸清知乎平台内容营销的套路，就能给我们策划更丰富的营销策略和营销渠道提供一些新的思路。

B 站营销：
硬核知识与生活方式下的营销新风尚

在互联网的世界里，B 站（哔哩哔哩）和其他平台不太一样，因为其最开始的标签是动漫、二次创作等，所以 B 站用户相对偏年轻。如今，随着 B 站不断发展壮大，平台内容也有所改变，B 站成为更多年轻、优质、泛大众化的 Up 主（Uploader，上传者）社交集合的平台，其"圈层文化""种草文化"特质都体现得比较明显。"得 B 站者得年轻人"，所以，为了俘获年轻人的心，B 站也是营销中不可忽视的平台。策划 B 站的营销时，和其他平台有显著的区别。

鉴于 B 站独特的"圈层文化"、社交属性、对硬核知识和小众生活方式的追逐，在 B 站营销中，我们可以尝试以下三种整合营销策略，以适应 B 站独特的平台文化气质。

1.重视圈层营销

B 站的"圈层文化"非常明显，不同圈层之间的壁垒也比较坚固，所以传统营销中广撒网的策略在此并不适用。要想搞定 B 站营销，圈层营销策略最为有效。利用垂直内容打透圈层，先让品牌和产品切入高感用户，俘获高感用户后，再以点带面地收获一般用户。

比如，奥妙为开拓年轻市场，就曾在 B 站上做营销。奥妙先是找到国潮圈里的汉服圈，说服汉服圈 KOL（Key Opinion Leader，关键意见领袖）层用户使用奥妙，营销奥妙连汉服都能洗干净，洗其他种类的衣服更是不成问题。通过与圈层 Up 主合作，圈层内部推广和外部信息流广告打组合拳，形成了一个完整的营销闭环，很快打入年轻人的市场。

2. 大事件共鸣营销

B 站具有底层用户更偏好放大共鸣的特点，通俗来说，就是 B 站用户的从众心理和冲动消费心理更为明显。在营销中，品牌想要获得流量和销量，就可以利用 B 站底层用户这一特点，进行事件营销。当然，所谓事件营销，不是无中生有地制造事件，而是要策划能引爆底层用户的大事件。比如，美特斯邦威就曾选择 B 站作为新品大秀的阵地，营销新品日这个 IP，并在 B 站做大秀直播。这就是事件营销，人为策划具有关注点和讨论度的大事件，引爆用户的共鸣。而美特斯邦威的这场营销效果也很显著，大秀尚未结束，新品就已售罄，足见 B 站营销的潜力。

3. 特殊节点共振营销

B 站有公众日历和 B 站自己独特的节日日历，这些特殊的时间节点都可以与品牌和产品想推广的时间进行联系，实现营销共振。在传统营销中，节日节点营销属于单方面的蹭热度营销，但在 B 站，因为用户可以通过弹幕实现实时互动、评论，在这些特殊节点的共振营销中，品牌能收获巨大的流量和用户，B 站也能掀起一波用户狂欢的浪潮，提升用户的体验感，可以说是双赢的营销。比如，元气森林就曾与 B 站跨年晚会合作。跨年是年轻人关注的时间节点，也是饮料营销的重要时间节点，元气森林广告宣传的"0糖0脂0卡"符合年轻人的需求和喜好，且自带"梗属性"，这条广告在B站跨年晚会中被用户用来弹幕刷屏，不但满足了元气森林的营销期待，而且给B站跨年晚会弹幕注入了"灵魂"，掀起跨年氛围的高潮，营销效果异常火爆。

　　总的来说，B站平台的特点，决定B站上的营销要因地制宜，以圈层关键人物为突破口，借大事件营销融入B站各个社区，通过打造热门事件，结合多信息流首页推送，才能让营销真正活起来，真正走进年轻用户的心里。